KB205356

다른 게임을 하는 사람들

다른 게임을 하는 사람들

초판 1쇄 인쇄 2023년 6월 20일
초판 1쇄 발행 2023년 6월 26일

지은이 김형익
펴낸이 유동휘
펴낸곳 SFC출판부
등록 제104-95-65000
주소 (06593) 서울특별시 서초구 고무래로 10-5 2층 SFC출판부
Tel (02)596-8493
Fax 0505-300-5437
홈페이지 www.sfcbooks.com
이메일 sfcbooks@sfcbooks.com
기획·편집 최성욱
디자인편집 최건호
ISBN 979-11-87942-84-9 (03230)
값 10,000원

더 나은 삶을 위한

신앙 한걸음 더

시리즈 02

다른 게임을 하는 사람들

김형익 지음

SFC

목차

하나님의 영광을 위해

믿음으로 다른 게임을 하며 살아가고 싶어 하는

이 땅의 게임체인저들에게

그리스도인은 어떻게 살 것인가?

대학 시절부터 지금까지 40년 이상 떠나지 않는 고민의 주제입니다. 2021년 여름, 'SFC 전국대학생대회'에서 대학생들에게 전할 말씀을 준비하면서 다시 이 질문을 떠올렸습니다.

소위 'N포세대'라고 일컬어지는 기독청년 세대에게 복음은 어떤 의미가 있는가?
복음은 어떻게 우리를 다르게 살게 하는가?
그 다르게 사는 삶이란 과연 어떤 것인가?

이런 질문들은 비단 대학생이나 청년세대에게만 유효한 것은 아닙니다. 하나님 나라의 백성으로 이 세상을 살아가는 모든 그리스도인이 마땅히 가져야 하는 고민입니다. 그런 까닭에 이 책은 일차적으로는 대학생을 비롯한 청년세대를 향해서 전해진 메시지를 기초로 하지만, 실상 모든 세대가 들어야 할 메시지이기도 합니다.

"공부를 잘해서 하나님께 영광을 돌려라."라는 말, 어려서부터 교회에서 자주 듣던 소리였습니다. 요셉이나 다니엘은 목사님들이 사용하던 단골메뉴였습니다. 하지만, "하나님께서 예수 그리스도의 십자가로 너희를 구원하여 주셨으니, 이제는 너희가 열심히 살아서 하나님께 영광을 돌려야 한다."라는 식의 이런 접근은 지나치게 개인주의적 접근입니다. 뿐만 아니라, 우리의 내면에 있는 공로주의와 승리주의적 성향을 부추기는 위험을 내포하고 있다는 점에서 사실 복음적이라고 할 수 없습니다.

그렇게 하나님 나라의 전의戰意를 불태우며종종 자기 개인의 야망과 뒤섞여 있어서 분간이 안될 때가 너무나 많지만 열심히 살아서 사회적 성취를 이루어냈을 때 하나님께서 영광을 받으시는 것이라면, 열심히 살았음에도 불구하고 실패하는 삶은 어떻게 설명할 수 있겠습니까? 때로는 이미 삶의 출발점이 달랐거나 그를 받쳐주는 환경의 부재로 인하여 일정한 성취를 이루지 못한 그리스도인들의 인생은 어떻게 설명할 수 있겠습니까? 세상은 승자독식勝者獨食을 말하지만, 복음은 사회적 승자들만이 전유하는 복음이 아닙니다. 또한, 성경은 "너희를 구원해 주었으니 이제 열심히 살아서 하나님께 영광을 돌려야 한다."라는 단순한 명령을 주는 책도 아닙니다.

그래서 마음에 품은 생각이 있었습니다. 자기도 모르는 사이에, 우리는 인류가 타락 이후 오래도록 견지해온 사회의 전제와 조건들을 그대로 수용하고서는 거기에 복음을 살짝 얹어놓는 식으로 적용하며 살아가는 것은 아닌지 돌아보고 싶었습니다. 오히려 주 예수 그리스도의 복음은 타락한 인류가 살아가는 터기반, 전제, 조건를 뒤엎어버리는 이야기이며, 주님께서는 십자가의 죽음과 부활의 사건을 통해서 그 일을 하셨다는 성경의 설명에 귀를 기울였으면 하는 마음이 있었습니다.

예수 그리스도께서 십자가에서 이루신 일은 결코 개인 구원의 이야기로 축소될 수도, 그렇게 제한될 수도 없습니다. 복음은 우리 개개인의 구원 이야기와 비교할 수 없이 거대한 이야기를 하고 있고, 그리스도인의 시야는 자기 자신의 인생 이야기를 넘어 하나님의 큰 그림을 보는 대로 확장되어야 합니다. 신자가 성령님의 역사로 거듭남을 경험하고 복음의 내용과 성경의 가르침을 바르게 배우게 된다면, 그의 관점과 시야는 결코 이전과 같을 수 없습니다. 보이는 것이 전부라는 세상의 전제를 뒤집어엎습니다. 이제는 보이지 않는 초자연의 세계를 보게 되고, 보이지 아니하시는 하나님을 보며, 심지어 마귀의 존재를 알게 됩니다. 태어남에서 죽음에 이르는 인생이 바라보는 전부였던 과거와 달리, 이제는 천지 창조에서 하나님 나라의 완성으로, 그리고 영원에서 영원으로 시야가 넓어지게 됩니다. 뿐만 아니라, 우리가 두 발을 딛고 살아가는 이 땅의 시각이 아니라, 천상의 시각을 가지고 인생과 역사를 조망하며 살아가게 됩니다.

바울 사도가 믿음을 보는 것과 비교했다는 사실고후5:7은 신자는 다른 시각을 가지고 남들이 보지 못하는 것들을 보며 살아간다는 말이 아닙니까? 이런 점에서 '믿음장'이라고 알려진 히브리서 11장을 읽는다면, 우리는 소위 '믿음의 영웅들'로 알려진 이들의 삶이 대단한 영웅적 삶이었다기보다는 보통 사람들인 우리의 삶과 다를 수 없다는 것을 발견하게 될 것입니다. 믿음이 그 인물들을 그렇게 다르게 살게 만드는 힘이었다면, 그 동일한 믿음은 우리 안에서도 그렇게 일할 것입니다.

저는 이 시대의 기독청년들뿐 아니라, 한 시대를 함께 살아가는 그리스도인 형제자매들과 함께 이 주제를 고민해 보고 싶었습니다. 우리는 이 세상의 80억 인구가 공유하는 그 게임을 하도록 부름을 받은 것이 아닙니다. 하나님께서 그 속에서 살던 우리를 구속하셨을 때, 우리는 비록 같은 운동장그라운드이지만 다른 게임을 하도록 부름을 받았습니다. 예컨대, 축구장에서 축구를 하던 우리를 부르신 하나님께서는 여전히 우리를 축구장에 남겨놓으셨지만, "이제 너희는 여기서 농구를 하라."라고 말씀하신 것입니다. 하나님을 믿는 신자들은 구원을 받았으니 이제 하나님의 도움을 받아 축구 경기에서 골을 더 많이 넣는 싸움을 하는 것치열한 경쟁 속에서이 아니라, 우리는 농구를 해야 합니다. 완전히 다른 게임을 하는 존재가 된 것입니다. 그래서 신자의 삶은 버겁습니다. 세상의 게임의 법칙을 거슬러 다른 게임을 해야 하니까요.

비록 그 축구 경기에서 골을 많이 넣지 못할지라도, 하나님께서 주신 다른 게임을 하면서 살아가는 것 자체가 이미 하나님을 영화롭게 하는 삶이며, 그 미미한 삶을 사용하여 하나님께서는 조금의 오차도 없이 당신의 그림을 완성하고 계시다는 것을 독자들이 알았으면 좋겠습니다. 겉으로 내세울 만한 것이 그리 없는 저에게 이 사실이 언제나 큰 위로가 되었듯이, 이 책을 읽는 젊은 세대와 모든 형제자매들이 이런 위로를 풍성히 얻고, 주님께서 약속하신 마음의 쉼을 넉넉히 누리게 되기를 바랍니다.

성경을 읽을수록, 성경은 우리가 이해하는 것과 비교할 수 없이 훨씬 더 래디컬radical한 삶의 방식을 말하고 있다는 것을 느낍니다. 신자가 그렇게 자신의 삶을 이해하기 시작할 때, 훨씬 더 많은 것을 보게 될 것입니다. 그리고 그는 이전과 비교할 수 없는 방식으로 하나님 나라의 백성으로서 그 백성답게 살아갈 능력도 배양될 것입니다. 그 삶은 "네가 열심히 살아."라는 것이기보다는 바울 사도가 종종 고백하듯이 "내 속에서 능력으로 역사하시는 이의 역사를 따라 힘을 다하여 수고하"는 삶입니다골 1:29.

아무쪼록 이 작은 책자가 이 땅의 젊은 세대들과 그들을 넘어 저와 한 시대를 함께 살아가는 그리스도인 형제자매들이 신자로서 자신의 삶을 이해하고 신자답게 살아가는 일에서 도움을 얻게 된다면, 이보다 더 큰 기쁨은 없을 것입니다.

저자 김형익

1장
게임체인저

통치자들과 권세들을 무력화하여 드러내어

구경거리로 삼으시고 십자가로 그들을 이기셨느니라

_골로새서 2장 15절

하나님을 믿는 우리는 성경의 사람으로 알려져 있습니다. 성경이 말하는 맥락에서 삶의 모든 것을 보고 해석하며 살기 때문입니다. 그래서 묻습니다.

정말 그러합니까?
성경을 통해 세상을 보고 있습니까?
성경을 통해 어떤 교훈을 얻습니까?
하나님께서는 성경을 통해서 21세기를 사는 우리에게 무엇을 명령하십니까?
그리고 우리는 주님의 그 명령을 따라 어떻게 살아갈 수 있습니까?

이런 질문들에 대한 성경적 해답을 '다른 게임을 하는 사람들'이라는 큰 주제 속에서 찾으려 합니다. 이 주제를 다섯 부분으로 나눠 살펴볼 텐데, 그 첫 번째 소주제는 '게임체인저'Game Changer입니다.

게임체인저

우리 사회에서 '게임체인저'라는 말이 흔히 사용되고 있습니다. 게임체인저는 말 그대로 '게임을 바꾸는변화시키는 사람'입니다.

축구 경기를 예로 들어봅시다. 어느 팀이 경기에서 전반전 종료까지 '삼 대 영'3:0으로 지고 있었습니다. 그러다가 후반전에 교체멤버로

들어온 선수가 결정적인 역할을 하여 '삼 대 사'3:4로 경기를 뒤집어 승리했습니다. 이때, 이 선수를 '게임체인저'라고 부를 수 있습니다.

이 말이 스포츠 경기나 게임에서만 사용되는 것은 아닙니다. 오히려 더 많은 경우에, 시장의 흐름을 통째로 바꾸거나 판도를 뒤집어 놓을 만한 결정적 역할을 한 사람이나 사건, 서비스, 제품 등을 가리키는 용어로 사용되곤 합니다. 사실, 게임체인저는 경제, 경영, IT 등을 총망라한 모든 분야에서 통용되는 용어인 셈입니다.

특히 경영 분야에서 기존의 시장에 충격을 가할 정도로 혁신적인 아이디어를 가진 사람을 게임체인저라고 부를 때, 몇 사람을 떠올릴 수 있습니다. 애플의 창업자 스티브 잡스Steve Jobs나 페이스북의 창업자 마크 저커버그Mark Zuckerberg, 구글의 창업자 래리 페이지Larry Page와 세르게이 브린Sergey Brin 같은 이들입니다. 이들은 세상의 흐름을 바꿨습니다. 구체적으로 사람들의 일상생활에 엄청난 변화를 일으킨 사람들입니다.

그들 이후의 세상은 스마트폰 없이 생활할 수 없는 세상이 되었습니다. 페이스북과 같은 SNS가 우리 세상에 가져온 변화는 이루 다 헤아릴 수 없습니다. 구글링도 마찬가지입니다. 그들은 그 이전과 이후의 세상을 완전히 다르게 변화시킨 사람들입니다. 우리는 이런 사람들을 가리켜 게임체인저라고 부릅니다.

먼저, 제가 하려는 이야기의 결론부터 말씀드리겠습니다. 인류의 긴 역사 속에서 진정하고도 독특한 의미에서 게임체인저라고 할 수 있는 분은 사람의 몸을 입고 우리가 사는 세상에 오신 성자 하나님이신 예수 그리스도이십니다. 인류 역사상 예수님에 비견할 수 있는 게임체인저가 어디에 있습니까? 예수님을 게임체인저라고 부르는 것은 성경이 표현하는 방식이 아니기에 조심스럽습니다만, 그 의미는 분명합니다.

예수님께서는 이 세상에 오셔서 33년의 짧은 생을 사셨습니다. 로마제국을 대표하는 유대 총독 빌라도에게 사형선고를 받고 십자가에서 처형되셨습니다. 하지만 그 죽음을 통해 온 세상의 판도를 뒤집어 놓는 게임체인저가 되셨습니다.

우리에게 이미 익숙한 것이기도 하지만, 세상 역사를 BCBefore Christ 와 ADAnno Domini, 이렇게 주님의 해로 구분하는 것을 통해서도 예수님께서 세상 역사의 진정한 게임체인저라는 사실을 부인할 수 없습니다. 우리말로도 주전主前과 주후主後라고 읽지 않습니까? 예수님께서 세상 역사의 판도를 바꾸신 것입니다.

그러나 우리가 예수님을 게임체인저라고 말할 때, 이런 형식이 보여주는 것과 비교할 수 없이 깊고 풍성한 의미를 담고 있습니다. 이제 그 이야기를 시작하겠습니다.

하나의 거대한 이야기로서의 복음을 살펴보려 합니다. 그 이야기 속에서 우리는 예수 그리스도께서 역사 가운데 어떻게 독보적이고 유일한 게임체인저가 되시는지를 알아볼 것입니다.

그리고 우리는 이 세상에서 어떻게 예수님께서 짜놓으신 다른 판에서 그분께서 벌여놓으신 다른 게임을 하며 살아갈 수 있는지에 대해 생각해 보려 합니다. 이것이 이 전체 주제의 방향이자 목적입니다. 인생에서 우리가 예수님을 만난 후에 사는 방식은 결코 그 전과 같을 수는 없습니다.

하나의 거대한 이야기, 복음

복음은 무엇입니까? 복음은 하나의 거대한 이야기입니다. 복음은 일종의 메타내러티브meta-narrative, 혹은 거대서사라고 할 수 있습니다. 실제로 인류 전체 역사는 하나의 이야기로 이해할 수 있고, 복음은 그 이야기 안에서 인간 역사의 의미와 운명을 설명하는 이야기입니다.

우리가 사는 포스트모던 사회는 보편적 가치를 뒤로하고 개별성과 특수성을 강조합니다. 보편성을 전제하는 거대서사를 부정하는 경향이 농후한 포스트모던 시대에 복음을 거대서사로 이해하고 설명하는 것은 쉽지 않은 일입니다. 하지만, 성경이 복음을 소개하고 설명하는 이 방식으로 복음을 이해하는 일은 중요합니다.

복음은 우리 개인의 인생사에 도움이 되는 충고가 아닙니다. 복음은 '너희가 구원을 받기 원한다면 이렇게 열심히 살라.'는 식의 명령도 아닙니다. 복음은 인류가 처한 보편적인 난제에 대한 설명이고, 그 난제를 그리스도께서 해결하셨다는 선언입니다. 복음은 인류 보편의 난제를 다루는 거대한 이야기입니다. 인류는 어느 누구도 예외 없이 하나님의 진노 아래 처해 있다는 것이 성경이 설명하는 인류 최대의 난제입니다롬1:18. 그리고 이 난제를 예수 그리스도께서 해결하셨다는 선언이 복음입니다.

거대서사로서의 복음은 하나님의 창조로 시작해서 하나님 나라의 완성으로 완결되는 이야기입니다. 인간의 타락으로 말미암아 위기가 찾아오지만, 당신의 아들을 사람으로 보내시는 성부 하나님과 십자가의 죽으심으로 위기를 친히 해결하시는 예수 그리스도, 그리고 그 죽음의 효력을 당신의 택한 백성에게 적용하시고 교회를 통해 완성해 가시는 삼위 하나님의 이야기입니다.

팀 켈러Timothy J. Keller 목사는 어느 설교에서 충고나 명령과 선언을 구분하여 설명한 적이 있습니다. '충고'나 '명령'은 전쟁에서 지고 있는 왕이 "이제 너희가 살려면 목숨을 걸고 싸워라. 이 방법 밖에는 살길이 없다."라고 말하는 것입니다. 그러나 '선언'은 전쟁을 이긴 왕이 "전쟁은 끝났다. 그러니 기뻐하고 즐거워하며 그 기쁨과 평화 속에서 너희의 삶을 살아라."라고 말하는 것입니다. 복음은 충고나 명령이 아니라 선언인 것이지요.

이 엄청난 차이를 이해하지 못한다면, 예수님을 믿는다고 하지만 여전히 자기 자신의 이야기에 갇혀서 살아갈 수밖에 없습니다. 하나님을 그저 자기 인생의 도우미 정도로 삼고 살아가는 것입니다. 사실 이것이 대부분의 종교가 공통적으로 갖는 특성입니다.

복음은 구원의 복된 선언이고, 승리의 선언입니다. 그런 까닭에 누구든 복음을 제대로 이해하고 깨닫고 만나게 되면 두려움과 염려와 초조함 속에서 살아가던 삶을 뒤로하고, 전에 알지 못하던 새로운 인생을 살게 됩니다. 예수 그리스도는 단순히 인류 역사의 게임체인저이실 뿐 아니라, 그를 만난 모든 인생에서도 게임체인저가 되십니다.

복음을 거대서사로 보느냐, 아니면 그저 개인의 삶의 이야기로 이해하느냐에 따라 큰 차이가 생깁니다. 만일 복음을 개인의 이야기에 한정된 충고라고 이해한다면, 당장 편하긴 합니다. 왜냐하면, 복음은 나의 현실적 문제들에 대한 당장의 해법을 제공해 줄 것이기 때문입니다. 복음은 내가 원하는 더 나은 삶을 사는데 요긴한 비결이나 비법으로 전락합니다. 암울한 현실을 살아가는 이들에게 더 밝은 미래를 약속하고 제공해 주는 좋은 소식으로 여겨질 수도 있습니다. 이것은 하나님을 <알라딘과 요술램프>에 등장하는 '지니'Genie와 같은 존재로 여기는 겁니다.

하지만 복음은 그것과 비교할 수 없는 거대한 이야기입니다. 복음은 그런 식의 즉각적인 문제 해결 방식을 넘어서는 근본적이고 궁극적이고 포괄적인 이야기입니다.

그렇다면 거대서사로서의 복음은 이 세상에서 살아가는 우리의 삶에 어떤 의미가 있을까요? 이제 우리가 살아가는 세상에 대한 이야기를 잠시 해 봅시다.

세상을 지배하는 게임의 법칙

우리가 살아가는 세상에는 게임의 법칙이 있습니다. 이것은 누가 명문화해 놓은 것은 아닙니다. 하지만 한국이든 미국이든, 아프리카나

중동의 어느 나라이든, 그리고 모든 시대에 동일하게 작동하는 법칙이 있습니다. 어떤 맥락에서 볼 때, 이 세상을 살아가는 모든 인류는 나라와 민족, 피부색과 언어, 그리고 문화는 다를지라도 동일한 게임을 하면서 살아갑니다. 그것은 '경쟁의 게임'입니다.

이 게임의 법칙은 근본적으로 '자기 사랑'에 뿌리를 두고 있습니다. 자기 사랑에 집착하는 이 게임은 '경쟁'을 유발합니다. 그리고 승자와 패자를 만들어 냅니다. 역사의 이상주의자들은 인류가 이런 게임에서 벗어나 더 이상 경쟁하지 않고 모두가 더불어 행복하게 사는 평등한 사회를 꿈꾸기도 했습니다. 하지만 역사 속의 그 어떤 영웅도 이 일을 실현한 적이 없습니다. 그리고 그 어느 곳에서도 이 꿈이 실현된 적은 없었습니다.

왜 그럴까요? 그것은 제도나 문화로 해결할 수 있는 문제가 아니기 때문입니다. 인간 내면의 문제이기 때문입니다. 모든 인간은 스스로를 구원할 수 없는 죄인이기 때문입니다.

우리는 이르면 초등학교 시절부터 경쟁을 경험하기 시작합니다. 물론 나라마다 문화마다, 혹은 제도와 정책에 따라서 다소간에 차이가 있기는 하지만, 경쟁은 존재합니다. 그 경쟁의 경험은 좋은 성적, 좋은 대학, 높은 연봉, 멋진 결혼식, 괜찮은 평수의 집에서 출발하는 신혼, 멋진 차, 그리고 남들이 부러워하는 은퇴 플랜에까지 이릅니다. 경쟁은 이 세상에서 사는 동안 일평생 멈추지 않습니다. 경쟁의 뿌리에는 이기고 살아남아야만 더 나은 행복을 성취할 수 있다는 강력한 환상이 자리하고 있기 때문입니다. 그 승리가 우리를 자유롭게 하리라는 망상과 계산이 복잡하게 얽혀 있는 것이지요.

그래서 우리는 궁금합니다. 자연스레 이런 질문이 생깁니다.

그렇다면, 복음은 이런 세상에서 어떤 변화를 만들어낼 수 있습니까?

복음은 과연 이런 무한 경쟁 사회 속에서 신자들이 더 잘 살아가도록 실제적인 도움을 줍니까?

예수를 믿는다는 것은 이 무한 경쟁의 전쟁터 속에서 신자들을 더 행복하게 해 줍니까?

정확히 이런 의미에서라면, 복음은 그다지 도움이 된다고 말할 수 없습니다. 왜냐하면, 복음은 믿는 자에게 좋은 대학, 높은 연봉의 직장, 멋진 가정과 같은 소위 '성공적인' 삶을 약속하지 않기 때문입니다. 이 세상 사람들이 보통 규정하는 성공적인 삶은 성경이 말하는 행복과는 거리가 있기 때문입니다.

그렇다면, 복음은 이 땅에서 적당히 살다가 죽어서 천국 가는 프로그램이나 티켓 정도 되는 것입니까? 당연히 그렇지 않습니다. 복음이 천국행 보장 프로그램 정도로 축소될 수 없다면, 복음은 어떤 의미일까요? 세상을 힘겹게 살아가는 그리스도인들에게 복음은 어떤 의미를 주는 것일까요? 특히, 좁아진 기회로 인해 암울한 시대적 환경 속에서 버겁게 버티며 살아가는 기독청년들에게 복음은 어떤 의미일까요?

작금에 우리 사회의 가장 큰 문제 가운데 하나인 부동산 문제를 생각해 보십시오. 매번 반복되는 정부 정책의 실패도 부인할 수 없겠지만, 이런 문제를 야기하는 근원적 이유는 무엇입니까? 인간의 만족하지 못하는 탐욕에 대해서 우리는 무엇이라고 말할 수 있겠습니까? 물론, 이 인간 내면의 탐욕의 문제는 어떤 정치인도 해결할 수 없는 문제입니다. 그 누구도 인간의 무한한 탐욕을 제어할 수 없으니까요. 그래서 정치는 인간의 탐욕을 전제한 채 법과 제도를 다루는 한계를 벗어날 수는 없는 것입니다.

이것이 바로 세상 정치가 넘을 수 없는 벽입니다. 세속 정치가 예수 그리스도의 복음을 대체할 수 없는 한계입니다. 그리스도인이 정치에 궁극적이고 결정적인 소망을 두어서는 안 될 이유이기도 합니다.

부동산을 향한 사람들의 마음을 보십시오. 가진 자나 가지지 못한 자 할 것 없이 모두가 다 불만입니다. 집을 가진 사람들은 집값이 오르지 않거나 더 가지지 못해서 불만입니다. 돈을 가진 자들은 투기든 투자든 더 많은 것을 얻는 일에 혈안입니다. 집을 갖지 못한 많은 사람들은 소유에 대한 열망과 상대적 박탈감에 사로잡힌 까닭에 불안 속에서 불평을 쏟아냅니다. 이런 문제가 사람의 욕망을 사로잡는 정도는 거의 종교 수준의 관심과 광기를 느끼게 합니다.

이런 욕망은 부동산에만 국한되는 게 아닙니다. 우리 삶의 전 영역이 거의 예외 없이 이 경쟁의 게임 속에 존재합니다. 관심이나 열정의 차이가 있을 뿐이지요. 그것이 무엇이든 경쟁에서 승자가 되기를 갈망합니다. 그런 까닭에, 이 세상을 살아가는 모든 사람은 지배적인 게임의 법칙을 익히는데 생을 겁니다. 최소한의 생존을 위해서라도 그것에 순응하며 살아갑니다.

하나님께서 창조하신 세상이 본래 이러했습니까? 하나님께서 창조하시고 보시기에 좋았던 세상은 이런 세상이었습니까? 천만의 말씀입니다. 성부와 성자와 성령, 선하신 하나님께서 삼위 안에 흘러넘치는 영광, 곧 선하심과 사랑과 기쁨을 부어주시려고 당신의 형상으로 인간을 창조하셨습니다. 그리고 인간은 하나님의 그 영광 안에서 하나님을 누리며 행복하게 살아감으로써 하나님을 영원토록 영화롭게 하도록 창조되었습니다.

「웨스트민스터 소요리문답」 1문이 가르쳐 주듯이, 인간의 최고의 목적은 하나님을 영화롭게 하고 그분을 영원토록 즐거워하는 것입니다. 인간은 이 창조 목적을 따라 살 때 최고의 행복을 경험하도록 설계되었고, 그렇게 만들어졌습니다. 그리고 하나님의 모든 피조물은 서로 아름다운 조화를 이루고 평화롭게 공존하는 가운데 창조주를 영화롭게 하도록 창조되었습니다. 이것이 하나님께서 창조하시고 "보시기에 좋았더라"라고 거듭 거듭 말씀하셨던 세상이었습니다.

하지만, 죄가 이 모든 것을 망가뜨렸습니다. 아담과 하와는 하나님의 권위를 부정하고 그분의 말씀을 무시한 채 뱀을 통해서 주어진 사탄의 말을 믿었고, 그 자기 판단에 따라 살기로 결정함으로써 범죄하였습니다. 이 범죄로 인해, 하나님의 선하심으로 베풀어주신 모든 것들이 인간과 불화不和하고 대적하게 되었습니다. 피조세계와 인간의 조화는 이렇게 깨어지고 말았습니다. 인간은 서로 간에도 갈등과 소외를 지닌 채 사는 참담하고 모진 존재가 되었습니다. 죄는 근본적으로 하나님으로부터의 소외를 가져왔습니다. 이 뿐만 아니라, 부부 관계의 파괴를 가져왔고, 부모와 자녀 사이, 그리고 형제와 형제 사이의 모든 관계도 파괴했습니다.

인간의 첫 조상이 범죄한 이래, 모든 인간은 죄의 유전인자DNA를 안고 태어났습니다. 그것은 하나님의 선하심을 신뢰하지 못할 뿐 아니라, 하나님을 대적하게 하는 성향입니다. 더 나아가, 하나님이 아닌 피조물을 기쁨의 대상으로 삼고, 우상으로 삼으며 살아가는 성향입니다.

이 죄의 성향이 초래한 결과는 무엇입니까? 인간은 자신이나 자신이 속한 최소 단위의 그룹을 위한 경쟁에 목숨을 거는 존재로 전락하고 만 것입니다. 자기 가족이나 자기 민족, 자기 나라, 자기 단체의 이익을 위해 끊임없이 경쟁과 다툼과 전쟁을 일으킵니다. 탐욕의 실현을 위해 자연과 환경까지 파괴하는 저주 아래서 살아갑니다. 마지막에 심판하시는 하나님 앞에서 영원한 지옥의 형벌을 받을 때까지 말입니다. 경쟁은 세상의 게임의 법칙입니다. 그래서 아프고 슬픈 게임입니다.

슬픈 것은, 이 비참한 게임의 법칙과 운명으로부터 인류를 건져줄 수 있거나 이 게임의 법칙을 바꾸어 줄 수 있는 난세亂世의 영웅, 곧 어떤 게임체인저도 없었다는 것입니다. 그래서 모든 인간은 벗어날 수 없는 죄의 노예로 살고, 이 게임의 법칙에 묶여 하나님의 정죄의 대상으로 살아갑니다. 이것이 모든 인류가 보편적으로 처해 있는 죄인의 딜레마입니다.

게임체인저, 예수 그리스도

　이런 세상에서 판을 완전히 뒤집어 버리는 일이 일어납니다. 그 게임체인저는 성자 하나님이신 예수 그리스도이셨습니다. 죄가 없으신 완전한 하나님이신 그리스도께서는 게임체인저로 인간의 죄를 대속하기 위해서 완전한 사람이 되셨습니다.

　주님께서 공생애를 시작하시면서 무엇을 선포하셨습니까? "때가 찼고 하나님의 나라가 가까이 왔으니 회개하고 복음을 믿으라"막1:15라는 말씀이었습니다. '하나님 나라가 가까이 왔다'라는 것은 새로운 세상이 도래했다는 선언입니다. 천지개벽天地開闢의 선포입니다.

　이 말씀을 우리는 어떻게 이해해야 할까요? '하나님 나라가 왔다'라고 말씀하실 때, 그 나라는 어떻게 임했습니까? 예수 그리스도는 세상의 법칙을 따라 경쟁에서 이기신 게 아니었습니다. 엄청난 군사력을 일으키거나 동원하심으로써 그 나라가 임하게 하신 것도 아니었습니다.

　하나님 나라의 도래, 이 일은 그리스도의 십자가 죽으심의 사건을 통해서 일어났습니다. 십자가의 죽으심에서 결정적으로 하나님 나라의 승리가 일어난 것입니다.

　골로새서 2장 15절 말씀이 그것을 말하고 있습니다.

"통치자들과 권세들을 무력화하여 드러내어 구경거리로 삼으시고 십자가로 그들을 이기셨느니라"골2:15

"통치자들과 권세들"이라는 말은 성경에서 다양하게 사용된 용어입니다. 그 의미를 이해하는 게 간단하지는 않습니다. 여기서 이 표현은 단순히 어떤 정치 제도나 세상 구조만을 의미하기보다는 '악한 권세'를 가리킵니다. 요한계시록에 등장하는 사탄과 짐승의 권세가 이 개념과 관련이 됩니다. 그 이유는 국가나 경제, 미디어, 이념, 제도와 같은 것들이 우주적 권세를 가진 마귀가 이용하는 도구가 될 수 있기 때문입니다.

주님께서는 십자가에서 죽으심으로써 단순히 이런 도구들만을 무력화하신 게 아닙니다. 그 머리인 통치자들과 권세들을 꺾고 완전히 무장 해제시키셨습니다. 십자가에서 말입니다.

"드러내어 구경거리로 삼으시고"라는 말은 로마의 장군이 개선행진을 할 때 무장 해제시킨 적장과 원수들을 줄지어 묶어서 끌고 가는 모습에 비유한 표현입니다. 이 일이 그리스도의 십자가의 죽으심에서 일어났다는 것입니다. 예수님께서 십자가로 그들을 이기셨노라고 말하는 것입니다. 이것은 어마어마한 선언입니다. 세상이 바뀌었다는 선언입니다. 세상의 정권이 바뀌었다는 겁니다. 사탄의 정권이 무너졌다는 놀라운 포고입니다. 이제는 그리스도께서 통치하시는 나라가 임했다는 것입니다.

그렇다면 우리는 어떻게 해야 합니까? 충성의 대상을 바꾸어야만 합니다. 이전에 섬기던 세상의 왕에게 계속해서 충성을 다하고 살다가는 하나님의 진노에 직면할 수밖에 없습니다. 다시 말해, 하나님의 아들에게 입 맞추어 충성하지 않는다면 하나님의 진노를 면할 수 없습니다시 2:12. 하나님의 진노를 피할 수 있는 자들은 오직 더 이상 이전 방식대로 살 수 없는 하나님 나라의 백성뿐입니다.

이것은 단지 죄인인 우리가 구원을 얻어 하나님의 진노를 면케 되었다는 것만을 뜻하지 않습니다. 우리는 하나님 나라의 백성으로서 새로운 시민권을 가진 존재가 되었다는 뜻입니다. 전혀 새로운 생활양식을 따라 살아간다는 뜻입니다. 다른 게임을 하는 존재가 된 것입니다.

주님께서는 십자가와 부활을 통해 새로운 백성을 낳으셨습니다. 이것이 '교회'입니다. 그리스도를 왕으로 인정하고 따르는 그 나라의 백성들은 이전에 하고 살던 게임을 그쳤습니다. 이제 완전히 다른 게임에 참여하게 되었습니다.

주님께서는 십자가의 죽으심과 부활을 통해 죄와 죽음과 지옥에 대한 승리를 성취하셨습니다. 마귀에게 묶여 있는 세상의 판을 뒤집으셨습니다. 이것을 개인적 차원에서 보면, 인간이 하나님께로부터 받을 심판, 곧 영원한 형벌인 지옥을 면하고 천국에서 영원한 영광을 누릴 것이라는 의미입니다. 이것이 전부일까요? 그렇지 않습니다.

게임체인저로서 그리스도께서 이루신 일은 거대한 다른 차원을 가지고 있습니다. 우주적 차원입니다. 주님께서는 십자가에서 죽으심으로써 하나님의 권세를 찬탈하고 '이 세상 임금'으로 행세하던 사탄을 멸하셨습니다. 그렇게 해서 친히 다스리시는 하나님의 나라를 세우셨습니다.

하나님 나라의 새로운 백성

그러나 문제가 있습니다. 하나님 나라가 예수 그리스도의 십자가와 부활로써 시작되었지만, 완성이 되기까지는 기다려야 한다는 사실입니다. 우리 가운데 이미 임하였으나 아직 완성되지 않은 까닭입니다. 그러면, 하나님 나라가 가까이 왔다는 약속은 어떤 의미가 있습니까?

요한계시록은 그 나라가 어떻게 그리스도로 말미암아 완성되는지를 보여줍니다. 주님께서는 언젠가 재림하실 것입니다. 그때 음녀 바벨론은 멸망당하고, 주님께서는 사탄과 짐승과 거짓 선지자를 심판하실 것입니다. 그리고 새 하늘과 새 땅을 보이시고 거룩한 성 새 예루살렘으로 교회를 완성하실 것입니다. 그때 하나님 나라가 완성됩니다.

우리는 하나님 나라의 시민입니다. 하지만 새 하늘과 새 땅이 임하기까지는 여전히 이 땅에서 살아갑니다. 요한계시록에서 음녀 바벨론이라고 묘사하는 세상입니다. 모든 시대 모든 성도들은 황제 숭배와 짐승의 표를 받지 않으면 고된 역경을 견뎌야 했던 1세기 말의 성도들처럼 외부적 압박을 무릅쓰며 살아갑니다. 비록 하나님의 나라는 완성에 이르지 않았고, 성도들은 여전히 바벨론이라고 불리는 이 세상에서 살아가지만, 그들은 하나님 나라의 백성입니다.

그래서 바울 사도는 이 세상을 살아가는 하나님 나라의 백성을 향하여 "이 세대를 본받지 말라"롬12:2라고 말씀합니다. 하나님 나라의 백성은 비록 이 세상에 살지만 하나님 나라의 백성이기 때문입니다. 그들은 이 세상의 게임을 하며 그 법칙에 순응하여 사는 존재가 아닌 것입니다.

이미 그리스도의 십자가에서 통치자들과 권세들이 깨어졌습니다. 이 놀라운 사실을 선포하는 것이 교회의 과업입니다. 복음을 전한다는 것은 세상을 향하여 이 사실을 선포하는 것입니다. 천지개벽이 시작되었음을 알려주는 것입니다.

이 세상의 통치자들과 권세들이 무력화되었다는 것은 이 땅에 존재하는 교회에게 어떤 의미일까요? 교회는 스스로 선포하는 그 메시지대로, 결국 그들이 완전한 멸망을 받을 것임을 세상 가운데 보여주는 하나님 나라의 도구인 것입니다. 그래서 교회는 주일마다 한 자리에 모여 그 사실을 확인하고 경축합니다.

그렇다면 그리스도인은 어떤 사람입니까? 이 거대서사로서의 복음에 의하면, 그리스도인은 자기 이야기 속에 하나님을 끌어들여서 자기 인생을 더 잘 살아보겠다는 사람이 아닙니다. 오히려 스스로가 하나님의 거대한 이야기 속으로 들어가 그 이야기의 한 부분이 된 사람이 바로 그리스도인입니다. 그러니 오해하지 마십시오. 착각하지도 마십시오. 진정한 그리스도인은 하나님의 목적과 하나님의 계획이 주도하고 지배하는 삶을 살아가는 사람입니다. 다른 게임을 하며 살아가기 시작한 사람입니다.

이 새로운 삶의 가장 큰 특징은 무엇일까요? 하나님을 신뢰함으로 사는 것입니다. 믿음으로 사는 것입니다. 하나님을 신뢰하는 것이 삶의 모든 영역에 결정적인 영향을 미치는 삶을 사는 것입니다. 그는 더 이상 죄의 노예로, 죄가 조종하는 대로 살지 않습니다롬6:14. 더 이상 정죄 아래서 살지 않을 자유를 얻은 사람이 된 것입니다롬8:1.

그래서 바울 사도는 로마서에서 그리스도인의 전제이자 교회의 전제를 이렇게 밝힙니다.

"7우리 중에 누구든지 자기를 위하여 사는 자가 없고 자기를 위하여 죽는 자도 없도다 8우리가 살아도 주를 위하여 살고 죽어도 주를 위하여 죽나니 그러므로 사나 죽으나 우리가 주의 것이로다"롬14:7~8

삶의 동기와 목적이 완전히 바뀐 것입니다. 자기를 위해 모든 경쟁과 다툼과 전쟁을 마다하지 않는 게임에 자신의 인생을 던졌던 사람이 더 이상 그런 게임으로 부름을 받지 않았다는 사실을 알게 되었습니다. 그리고 이제는 살아도 주를 위하여 살고 죽어도 주를 위하여 죽는 새로운 게임을 알게 되었고, 그 다른 게임을 하며 살기 시작한 것입니다.

그리스도인은 다른 게임을 하라고 부르심을 받았다

이제 정리해 봅시다. 이 세상은 성공이라는 지상목표를 향해 경쟁합니다. 복음은 이 땅의 모든 사람들이 몰두하고 경쟁하는 그 게임으로부터 우리를 구속救贖합니다. 말하자면, 거듭난 신자들, 곧 하나님 나라의 백성은 비록 이 땅을 여전히 살아가지만 이전에 하던 그 게임을 지속하는 사람들이 아닙니다. 게임체인저이신 그리스도를 만났기 때문입니다. 신자는 이 땅에서 완전히 다른 게임을 하도록 부름을 받았습니다!

회심 이전과 이후, 신자들은 여전히 이전에 살아가던 그 그라운드에서 살아갑니다. 그러니 이전에 하던 그 게임을 계속해야 한다고 느끼는 것이 일면 당연합니다. 심지어 이제 하나님의 자녀가 되었으니 그 게임을 더 잘 해야 한다는 부담까지 가지기도 합니다. '내게는 믿음이 있고 도우시는 하나님이 계시니, 이 경쟁의 게임을 더 잘 할 수 있고 승리할 수 있어.'라고 생각합니다. 그래서 이른바 '고지점령론'高地占領論과 같은 비성경적인 주장들에 열광하기도 합니다. 마치 성경이 그렇게 명령하고 있다는 듯이. 그리스도인으로서 우리가 이 세상의 고지에 올라 멋지게 하나님의 영광을 드러내야 한다고 생각하는 것입니다.

하지만 성경은 이런 생각들을 승인하지 않습니다. 그것은 여전히 이 세상의 게임의 법칙에 얽매여 살아가는 것이기 때문입니다. 복음은 신자의 삶의 동기와 목적을 바꿉니다. 자연스레 삶의 내용도 바뀝니다. 이전 삶의 목적이 성공이었다면, 이제는 하나님의 영광을 목적으로 살아갑니다. 하나님의 영광을 이루는 방식도 달라집니다. 다른 사람들과의 경쟁에서 이기고 성공함으로써 살아남는 것이 아닙니다. 기꺼이 패자가 되고 약자가 되는 방식을 통해서 그 일을 이룹니다. 완전히 다른 게임을 하는 사람이 된 것입니다.

게임이 달라졌으니, 당연히 그리스도인을 지배하는 게임의 법칙도 바뀌었습니다. 신자는 이 세상this age과 오는 세상the age to come이 중첩

된 시대를 살고 있습니다. '이미already와 아직not yet' 사이에서 살고 있지만, 신자는 눈에 보이는 세상의 게임에 시선을 주지 않습니다. 눈에 보이지 않는 세상인 하나님의 나라를 보며 믿음이라는 그 나라의 게임의 법칙으로 살아갑니다고후5:7.

그러니 이 세상을 믿음으로 살아가는 그리스도인은 힘들 수 있습니다. 그 힘듦은 마치 모두가 축구를 하는 경기장에서 야구를 하는 것과 같은 힘듦입니다. 예컨대, 전 세계 80억의 인구가 살아가는 세상은 축구장인데, 게임체인저 그리스도를 만난 사람들은 이 그라운드에서 야구를 하게 된 것입니다.

신자가 살아가는 위치가 이러합니다. 그렇다보니 때로는 이것도 저것도 아닌 삶을 적당한 선에서 살아가려는 유혹을 받기 십상입니다. 적당히 심령이 가난하고, 적당히 최소한의 선에서 애통하고 온유하며 의에 주리고 목마르게 살아가자는 유혹입니다. 심지어 이렇게 하는 것이 지혜로 여겨지기까지 합니다. 하지만 이것은 신자의 삶도 부르심도 아닙니다.

신자는 믿음으로 다르게 삽니다. 이것은 무시하면 무시당하고, 짓누르면 짓눌림을 당하는 것입니다. 바보나 이상한 사회부적응자로 여겨지면 기꺼이 그렇게 여김을 받습니다. 신자는 이런 방식으로 삽니다. 세상 속에서 비틀거리는 듯 보여도 믿음으로 단련하며 삽니다.

믿음으로 사는 까닭에 세상에서는 속이는 자나 무명한 자, 죽은 자, 징계를 받는 자, 근심하는 자처럼 여겨질 수 있습니다. 가난한 자나 아무것도 없는 자처럼 보일 수도 있습니다. 그러나 실상 참되고 유명하며, 죽임을 당하지 않고 항상 기뻐하는 삶을 삽니다. 그렇게 많은 사람을 부요하게 하고, 모든 것을 가진 자로서 삽니다고후6:8b~10.

그러하기에, 바울 사도가 말씀하는 것처럼, "환난이나 곤고나 박해나 기근이나 적신이나 위험이나 칼"롬8:35의 모든 적대적인 상황에서 '넉넉히 이기는 자들'롬8:37이 됩니다. 그리스도께서 통치자들과 권세들을 무력화하여 드러내어 구경거리로 삼으시고 십자가로 그들을 이기셨기 때문입니다골2:15. 이것이 기독교입니다.

주님께서는 이렇게 세상의 판도를 바꾸셨습니다. 이 세상의 게임을 하는 사람들이 알고 있는 승패의 기준을 완전히 뒤집으셨습니다. 그래서 게임체인저이신 겁니다. 유일하고 진정한 의미에서 이 세상의 게임체인저가 되셨습니다. 그리고 당신의 제자들을 이 세상에서 다른 게임을 하는 사람들로 부르셨습니다. 세상을 변화시키는 진정한 게임체인저들이 되도록 말입니다.

그리스도인들은 게임체인저들이다

신자가 어떤 존재인지 깨닫습니까? 신자는 예수 그리스도를 개인의 구주와 주님으로 영접하고 신앙을 고백함으로써 세례를 받아 하나님 나라의 백성이 된 사람들입니다. 이 세상 모든 사람들이 하는 게임과는 다른 게임을 하도록 부름을 받은 사람들입니다.

그러니 신자를 지배하는 것은 더 이상 이 세상의 게임의 법칙이 아닙니다. 신자는 하나님 나라의 새로운 게임의 법칙의 지배를 받으며 삽니다. 그 법칙은 '자기 신뢰'가 아닙니다. 하나님을 신뢰함으로 살아가는 것입니다. 그것은 경쟁도 아닙니다. 답 없이 사랑하며 살아가는 것입니다.

주님께서 주신 대계명은 새로운 게임의 법칙을 잘 보여줍니다.

> "29예수께서 대답하시되 첫째는 이것이니 이스라엘아 들으라 주 곧 우리 하나님은 유일한 주시라 30네 마음을 다하고 목숨을 다하고 뜻을 다하고 힘을 다하여 주 너의 하나님을 사랑하라 하신 것이요 31둘째는 이것이니 네 이웃을 네 자신과 같이 사랑하라 하신 것이라 이보다 더 큰 계명이 없느니라"막12:29~31

이것이 주님께서 신자에게 요구하시는 다른 게임입니다. 더 이상 경쟁에서 싸워 살아남고 승자가 되는 것이 우리 삶의 목표가 아닙니다. 하나님 나라의 백성인 우리에게는 이제 목숨을 다해 하나님을 사랑하고 이웃을 자신처럼 사랑하는 것이 목표가 되었습니다. 이것을 게임의 법칙으로 삼은 사람이 바로 우리입니다.

주님의 이 말씀을 주목해 보십시오.

> "주라 그리하면 너희에게 줄 것이니 곧 후히 되어 누르고 흔들어 넘치도록 하여 너희에게 안겨 주리라 너희가 헤아리는 그 헤아림으로 너희도 헤아림을 도로 받을 것이니라"눅6:38

어떻게 이렇게 살 수 있습니까? 세상은 이런 사람을 바보라고 여깁니다. 그래서 하나님 나라의 새 백성이 새로운 게임의 법칙을 따라 다른 게임을 하는 자들로 살아가는 데에는 하나님께 대한 신뢰가 요구됩니다. 믿음입니다. 이 믿음이 없이는 결코 다른 삶을 살아갈 수 없습니다.

다시 한 번 새깁시다. 지금까지 우리는 이 세상에서 그리스도인으로 부름 받았다는 것이 어떤 의미인지를 살펴보았습니다. 무엇입니까? 완전히 다른 게임을 하는 것입니다. 비록 이 세상에 살지만 전에 하던 그 게임에 매여서 그 게임의 법칙으로 살아가지 않는 것입니다.

예수 그리스도께서는 십자가에서의 죽으심을 통해 '통치자들과 권세들을 무력화하여 드러내어 구경거리로 삼으심'으로써 온 세상의 게임체인저가 되셨습니다. 이제 어린 양이신 그리스도께서 어디로 인도하시든지 따라가는 사람들도 주님을 따라 세상의 게임체인저들로서 살도록 부름을 받았다는 사실을 우리는 확인합니다.

"어린 양이 어디로 인도하든지 따라가는 자"계14:4, 이 얼마나 멋지고 영광스러운 그리스도인의 칭호입니까! 우리 자신이 바로 이런 사람입니다.

묵상과 나눔을 위한 물음

1. 복음을 하나의 거대서사로 이해하는 것은 왜 중요하다고 저자는 말합니까? 복음을 자기 인생 성공의 비결 정도로 이해하고 하나님을 인생의 특급 도우미로 여기는 삶은 어떤 점에서 잘못되었다고 볼 수 있습니까?

2. 예수 그리스도께서 이 세상에 오셔서 진정한 의미에서 인류의 게임체인저가 되셨다는 사실을 당신 자신의 말로 설명해 보십시오.

3. 경쟁하는 이 세상에서 뒤처지지 않고 더 좋은 결과대학, 직장, 연봉, 좋은 차와 집 등를 얻어내는 것이 신자의 부르심이 아니라는 사실을 당신 자신의 말로 설명해 보십시오.

4. 우리가 신자로서 다른 게임을 하는 사람으로 살아갈 때, 가장 중요한 것은 하나님에 대한 신뢰라고 저자는 말합니다. 그 이유를 설명해 보십시오.

5. 게임체인저이신 그리스도의 제자로 부름 받은 사람들 역시 세상의 게임체인저로 부름을 받은 것입니다. 어떤 의미에서 그리스도인들은 게임체인저로서 살아갈 수 있다고 생각합니까?

"어린 양이 어디로 인도하든지 따라가는 자"계14:4,

이 얼마나 멋지고 영광스러운 그리스도인의 칭호입니까!

우리 자신이 바로 이런 사람입니다.

2장
천상의 시각

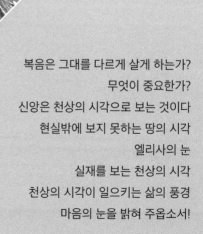

복음은 그대를 다르게 살게 하는가?
무엇이 중요한가?
신앙은 천상의 시각으로 보는 것이다
현실밖에 보지 못하는 땅의 시각
엘리사의 눈
실재를 보는 천상의 시각
천상의 시각이 일으키는 삶의 풍경
마음의 눈을 밝혀 주옵소서!

—

18너희 마음의 눈을 밝히사 그의 부르심의 소망이 무엇이며

성도 안에서 그 기업의 영광의 풍성함이 무엇이며

19그의 힘의 위력으로 역사하심을 따라 믿는

우리에게 베푸신 능력의 지극히 크심이 어떠한 것을

너희로 알게 하시기를 구하노라

_에베소서 1장 18~19절

—

복음은 그대를 다르게 살게 하는가?

'신자답게 살아가는 것', 이것이 '다른 게임을 하는 사람들'이라는 주제의 핵심입니다. 우리가 신자로서 이 세상에서 게임체인저로 살아간다는 것은 완전히 다른 시각을 가지고 산다는 의미입니다. 그 시각은 '천상의 시각'입니다. 다른 관점, 다른 시각을 가져야 다른 삶을 살 수 있는 겁니다.

다시 한 번, 우리의 질문들을 생각해 봅시다.

복음은 지금 여기서 살아가는 우리 삶에 어떤 차이를 만들어 냅니까?

복음은 우리가 이 세상을 다르게 살도록 만드는 힘이 있습니까?

만일 그리스도의 복음이 우리를 다르게 살도록 만드는 능력이 있다면, 그것은 어떤 방식의 삶입니까?

이 질문들이 우리에게 의미를 가지려면 다른 시각, 곧 천상의 시각으로 세상을 보는 것이 절실히 요구됩니다.

만일 이 천상의 시각이 없이 세상을 본다면 어떻게 될까요? 여전히 이전에 우리가 세상을 바라보던 땅의 시각을 가지고 땅의 방식 그대로 살아간다면 어떻게 될까요? 안타깝게도, 복음은 우리 삶에 어떤 차이도 만들어 내지 못할 것입니다. 뿐만 아니라, 복음은 우리 인생에 그리 유의미한 요소도 되지 못할 것입니다. 그래서 묻습니다.

복음은 당신을 다르게 살게 합니까?

보십시오. 돈은 사람들의 삶을 다르게 만드는 힘이 있습니다. 예수님께서 하나님과 돈을 겸하여 섬길 수 없다고 말씀하셨을 때 돈이 삶에 미치는 영향을 인정하신 것입니다. 돈이 있고 없고의 차이, 많이 가졌는가와 적게 가졌는가의 차이는 삶의 방식과 질에 영향을 미칩니다. 삶을 바라보는 관점도 다르게 만듭니다. 분명, 돈은 힘과 영향력을 가지고 있습니다.

그렇다면, 복음은 무엇입니까? 신앙은 무엇인가요? 과연 그것이 인생을 다르게 만드는 힘이 있습니까? 단순히 삶의 질을 바꾸는 차원이 아니라, 인생을 바라보는 시각이나 삶의 모든 것을 바꾸도록 이끌고 있습니까?

성숙한 신앙과 어린 아이와 같은 신앙의 차이가 우리의 삶을 얼마나 다르게 만듭니까? 똑같습니까? 당신이 10년 전에 예수님을 믿었고 지금도 믿고 있다면, 당신의 현재의 삶은 10년 전과 어떻게 다릅니까? 아니, 5년 전에 믿었다고 해도 마찬가지입니다. 5년 전의 삶과 지금의 삶이 어떻게 다릅니까? 근본적으로 다릅니까? 전혀 다른가요? 상상할 수 없을 정도입니까?

이게 우리가 묻고 답해야 할 질문들입니다. 왜냐하면, 예수를 믿는다고 하지만, 믿지 않는 사람과 그 삶이 똑같고, 내용이 똑같고, 의미나 목적도 똑같아 보이는 경우가 적지 않기 때문입니다. 그렇다면, 기독교는 코미디입니까? 기독교 신앙과 그 삶은 그저 일종의 문화적 기호에 불과한 것입니까?

다시 묻습니다.

복음은 돈 만큼의 힘도 없는 것입니까?

당신의 인생을 다르게 살게 하는 것은 돈입니까, 복음입니까?

이것은 우리가 천상의 시각을 가졌는가, 혹은 그렇지 않은가에 따라 결정됩니다. 천상의 시각은 평면으로만 보고 살아가는 우리에게 지상 100m, 혹은 지상 500m 높이의 드론에서 보는 시각이 열린 것과 같다고 할 수 있습니다. 이 차이는 우리가 걸어가야 하는 길을 바라보고 대처하는 방식에 절대적인 영향을 미칩니다.

무엇이 중요한가?

기독교 신앙은 초현실주의나 현실도피를 말하지 않습니다. 기독교 신앙은 철저하게 현실에 두 발을 디디고 살면서 하늘에 소망을 두는 것입니다. 이런 의미에서 성경은 뜬 구름 잡는 이야기를 하는 책이 아닙니다. 성경의 메시지는 철저하게 현실을 살아가는 하나님의 백성을 향한 메시지입니다.

하지만, 이 말은 성경이 '어떻게 이 땅에서 좋은 남편이 되고 좋은 아내가 되는가?', 혹은 '어떻게 세상에서 성공할 수 있는가?'와 같은 행복한 결혼생활의 비결이나 훌륭한 자녀양육의 비법을 말하는 의미에서 현실적이라는 것이 아닙니다. 슬기로운 직장생활을 가르치거나 인생 성공의 비밀을 말하는 책이라는 의미도 아닙니다. 물론 우리는 그 지혜와 그것에 관한 하나님의 뜻을 성경으로부터 얻을 수 있습니다. 그러나 성경의 진정한 관심은 다른 데 있습니다.

물론, 신자들은 세상에서 대학생활이나 취업, 결혼, 주택 마련, 자녀양육 등 수많은 현실의 숙제들을 안고 살아갑니다. 요즘에는 부동산이나 주식 이슈도 한 자리를 차지할 것입니다. 솔직히 말하면, '벼락거지'니 '영끌'이니 '빚투'니 하며 주식이나 부동산, 가상화폐는 얼마간 청년세대에게 블랙홀이었습니다. 물질뿐만 아니라 시간과 정신까지 올인하게 만들었습니다. 우리는 성경이 이 이슈들에 대해서 어떻게 말씀하는지를 배울 필요가 있습니다.

하지만 그전에 우리가 주목해야 하는 것이 있습니다. 성경이 이런 문제들에 대하여 접근하는 방식입니다. 성경은 이런 실제적이고 현실적인 문제들을 도외시하지 않습니다. 그러나 이런 세세한 이슈들보다 훨씬 더 중요하고 근본적이며 본질적인 문제가 있다고 말합니다. 성경은 이 근본적이고 본질적인 것에 집중합니다. 오늘 읽은 에베소서의 말씀이 그것을 말하고 있습니다.

> "18너희 마음의 눈을 밝히사 그의 부르심의 소망이 무엇이며 성도 안에서 그 기업의 영광의 풍성함이 무엇이며 19그의 힘의 위력으로 역사하심을 따라 믿는 우리에게 베푸신 능력의 지극히 크

심이 어떠한 것을 너희로 알게 하시기를 구하노라"엡1:18~19

이 말씀은 에베소 교회와 성도들을 위한 바울 사도의 기도입니다. 이 기도는 우리의 신앙과 삶에 있어서 근본적이고 중요하며 본질적인 문제가 무엇인지를 잘 보여줍니다. 바울 사도가 적어도 2년 이상의 긴 시간을 에베소 교회에서 보냈다는 사실행19:8~10과 그가 밀레도에서 에베소 장로들과 눈물로 작별했던 장면행20:17~38은 에베소 교회가 바울 사도에게 얼마나 특별한 교회였는지를 보여주기에 충분합니다.

바울 사도는 에베소 성도들 중 많은 이들을 개인적으로 알고 있었을 뿐 아니라, 그들의 개인적인 사정들도 꿰뚫고 있었을 것이라고 쉽게 짐작할 수 있습니다. 그럼에도 불구하고 바울 사도는 그들이 직면하고 살아가는 구체적이고 특정한 상황들을 위해서 기도하지 않습니다. 그는 사랑하는 에베소 성도들이 믿음으로 세상을 살아가는 데 있어서 훨씬 더 근본적이고, 더 본질적이고, 더 중요한 문제가 무엇인지를 너무나 잘 알고 있었기 때문입니다. 이 문제를 놓고 그들을 위해 하나님 앞에서 기도하고 있습니다.

그리고 바울 사도는 이렇게 기도한다고 말함으로써 에베소 성도들도 더 중요하고 더 본질적인 것이 무엇인지를 알기를 바랐습니다. 그것은 천상의 시각으로 삶의 모든 것을 바라보아야 한다는 것입니다. 이것은 사도가 자신의 기도 내용을 이 서신에 기록한 한 가지 이유였습니다.

에베소 성도들을 현실적으로 힘들게 하는 일터에서의 문제나 가정에서 겪는 부부 사이의 문제, 부모와 자녀 사이의 어려움들을 잘 알고 있었을지라도, 바울 사도는 이 기도에서 그런 세세한 문제들을 일일이 다루지 않습니다. 물론 우리는 바울 사도가 서신의 후반부에서 가정과 일터에서의 문제를 다룬다는 사실을 잘 알고 있습니다. 그러나 바울 사도가 어떤 맥락에서 이 문제들에 접근하는지가 중요합니다. 우리는 이것을 놓쳐서는 안 됩니다. 그리고 그 접근 방식이 에베소 교회를 향한 바울 사도의 이 기도에서 분명하게 드러납니다.

이제 본문을 통해 그 내용을 깊이 살펴보겠습니다.

신앙은 천상의 시각으로 보는 것이다

에베소 성도들을 위한 바울 사도의 기도는 한 마디로, 주님께서 그들 마음의 눈을 밝혀 달라는 것이었습니다. "너희 마음의 눈을 밝히사"엡1:18a라고 기도했습니다. 성경은 신앙을 보는 것에 비유합니다. 신앙은 보는 것입니다. 무엇을 보는 것입니까? 믿음이 없는 사람들이 볼 수 없는 것을 보는 것입니다. 믿음이 없는 사람이 못 보는 것을 믿음이 있는 사람은 봅니다. 그리고 믿음으로 보는 것 때문에 그 삶이 달라집니다. 그래서 사도는 믿음의 눈으로 볼 수 있도록 기도했던 것입니다.

마음의 눈을 밝혀 달라는 바울 사도의 기도는 17절 말씀으로부터 이어지는 기도입니다. "지혜와 계시의 영을 너희에게 주사 하나님을 알게 하시고"엡1:17b라고 먼저 기도했습니다. 이것은 그리스도 안에 계시된 하나님의 뜻과 구원의 목적을 더 깊이 이해하기를 바라는 간구입니다. 하나님을 아는 것보다 더 중요한 것은 없습니다.

호세아 선지자는 북왕국 이스라엘 멸망의 원인을 하나님을 아는 지식이 없었기 때문이라고 분명하게 밝힙니다호4:6. 잠언은 "묵시가 없으면 백성이 방자히 행하거니와"잠29:18a라고 경고한 바 있습니다. 하나님의 말씀이 없으면 통제 불능의 상태가 되고 맙니다. 고삐 풀린 짐승처럼 된다는 말입니다. 그래서 바울 사도는 에베소 교회가 하나님을 더 잘 알게 되기를 기도했습니다.

하나님을 알면 세상 어떤 분야의 지식을 많이 아는 것보다 낫고, 수많은 경험을 가진 노인이나 현자보다 지혜롭습니다. 믿음의 사람은 절대로 미련할 수 없습니다. 미련한 것은 악한 것입니다. 그래서 신자는 어리석을 수 없습니다. 남들이 보지 못하는 것을 믿음으로 보기 때문입니다. 성경은 자기중심적인 세상에서 자신을 벗어나서 볼 수 있는 시각을 제공합니다.

그러면, 신자는 눈을 떠서 무엇을 보아야 합니까? 에베소서 1장 18~19절은 하나님을 더 잘 안다는 것이 어떤 의미인지, 그리고 무엇을 알게 되는 것인지에 대해 세 가지로 보여줍니다.

첫째, 바울 사도에게 있어서 마음의 눈이 밝아지는 것은 '그의 부르심의 소망이 무엇인지를 아는 것'입니다.

이것은 성도들이 개인적 차원에서 자신을 부르신 소명을 안다는 말이 아닙니다. 앞에서 바울 사도가 말했던 바, 하늘에 있는 것이나 땅에 있는 것이 다 그리스도 안에서 통일되게 하는 하나님 나라의 완성에 대한 소망을 말하는 것입니다엡1:10. 히브리서의 표현을 따르면, "흔들리지 않는 나라"히12:28에 대한 소망입니다. 바울 사도는 이 일이 이미 다 이루어진 것이 아니기 때문에 소망이라고 말합니다. 그리고 에베소 성도들이 하나님께서 작정하신 이 일이 반드시 역사 속에서 이루어질 것을 알고 바라는 소망을 품기를 기도했습니다.

둘째, 마음의 눈이 밝아지는 것은 '성도 안에서 그 기업의 영광의 풍성함이 무엇인지 아는 것'을 의미합니다.

개역개정역 성경에서는 "그 기업"이라고 했기 때문에 '기업'이 누구의 기업인지 분명하지 않지만, 헬라어로는 '그의 기업'이라고 기록되어 있습니다. 여기서 기업은 성도가 장차 누리게 될 유산이 아니라, '하나님의 기업'을 가리킵니다. 하나님의 기업은 유대인 신자와 이방인 신자가 함께 이루게 되는 하나님의 백성, 곧 교회를 가리킵니다. 신명기에서는 "여호와의 분깃은 자기 백성이라 야곱은 그가 택하신 기업이로다"신32:9라고 말씀했는데, 에베소서 1장 18절에서 바울 사도가 말하는 기업이 바로 이것입니다. 하나님께서는 온 세상 앞에서 당신의 기업인 교회가 얼마나 영광스러운 존재인지를 풍성하게 드러내실 터입니다. 사도는 에베소 성도들로 하여금 하나님의 기업으로서 자신들이 가지는 영광의 풍성함을 알기를 바라며 기도했던 것입니다.

셋째, 마음의 눈이 밝아짐으로써 신자들은 자신들에게 '베푸신 하나님의 능력의 지극히 크심이 어떠한 것'을 알게 됩니다.

이는 하나님의 능력이 신자들로 하여금 이 땅에서 하나님의 크신 목적에 따라서 어떻게 살아갈 수 있게 하는지를 능히 아는 것입니다.

바울 사도는 이를 위해 기도했습니다. 하나님께서 당신의 힘의 위력으로 온 우주를 향한 뜻을 그리스도 안에서 성취하실 것이고, 모든 나라와 민족과 백성과 방언에서 구속함을 받은 하나님의 영광스러운 교회를 이루어 주실 것이라는 이 놀라운 사실을 에베소 성도들이 알게 되기를 기도한 것입니다. 이 능력은 지극히 커서 이 세상의 신인 마귀의 모든 궤계를 능히 이기게 할 것입니다엡6:10~11. 그리고 우리를 방해한다고 생각되는 바인 환난이나 곤고나 박해나 기근이나 적신이나 위험이나 칼과 같은 모든 적대적인 요소들로부터 우리가 넉넉히 이기게 합니다롬8:35~37.

지금 바울 사도가 에베소 성도들을 위해 기도하는 것은 개인적인 차원을 넘어섭니다. 이 사실을 아는 것이 중요합니다. 부르심의 소망이나 성도 안에서 그의 기업의 영광의 풍성함, 그리고 믿는 우리에게 베푸신 하나님의 능력이 지극히 크심, 이 모두는 개인적인 차원을 넘어서는 우주적인 차원의 이야기들입니다.

사실 에베소서의 스케일에 주목할 필요가 있습니다. 우리는 바울 사도가 로마 감옥에 감금되어 있던 구체적 형편과 정황을 정확하게 알지 못합니다. 하지만, 그는 지금 좁디좁은 감옥에서 이 서신을 쓰고 있었을 것입니다. 그럼에도 에베소서에서 그가 보여주는 시야와 안목은 영원에서 영원에 이르고, 하늘과 땅을 아우르는 것이라는 사실에 우리는 놀라지 않을 수 없습니다. 그는 천상의 시각을 가지고 이 서신을 썼던 것입니다.

바울 사도는 에베소서 1장 4절에서 "창세 전에 그리스도 안에서 우리를 택하"신 하나님의 역사를 말씀합니다. 1장 10절에서는 "하늘에 있는 것이나 땅에 있는 것이 다 그리스도 안에서 통일되게 하려 하심"을 강조합니다. 그리고 예수님을 "모든 통치와 권세와 능력과 주권과 이 세상뿐 아니라 오는 세상에 일컫는 모든 이름 위에 뛰어나게 하시고 또 만물을 그의 발 아래에 복종하게 하시고 그를 만물 위에 교회의 머리로 삼으셨느니라"엡1:21~22라고 밝힙니다.

매우 음습하고 더럽고 부자유한 감옥에 감금되어 있는 바울 사도였지만, 그의 공간적 감각은 이처럼 온 우주 전체를 보고 품는 스케일에 이르렀던 것입니다. 얼마나 놀랍습니까! 이것은 천상의 시각 때문입니다. 사도는 에베소 성도들이 이 시각을 갖게 되기를 원했습니다. 천상의 시각을 갖게 될 때에야 비로소 이런 찬양이 가능해집니다.

높은 산이 거친 들이 초막이나 궁궐이나
내 주 예수 모신 곳이 그 어디나 하늘나라찬송가 438장 2절

로마 감옥에 감금된 바울 사도가 겪고 있던 상황의 괴로움과 불편함을 상상해 보십시오. 복음 때문에 받은 육체의 고난이 적지 않았습니다. 나이가 든 그의 육신은 여기 저기 쑤시고 아팠을지도 모릅니다. 하지만 그는 자신의 형편과 처지에 대해서 일절 말하지 않습니다. 또한 에베소 성도들이 신앙 때문에 겪는 어려움에 대해서도 거의 말하지 않습니다.

도리어 사도는 영원에서 영원에 이르는 시야와 안목, 곧 천상의 시

각으로 하나님의 구속 드라마의 큰 그림을 보여주고 싶어 합니다. 그러면서 하나님께서 "너희 마음의 눈을 밝히사" 자신이 보는 것들을 그들도 보기를 바라며 기도합니다.

신앙은 천상의 시각으로 보는 것입니다. 신자들은 이 마음의 눈이 점점 더 밝아져야 합니다. 신앙은 보이지 않는 세계의 실재를 보는 것입니다. 보이지 않으시는 하나님을 믿음으로 보고 믿으며 자신의 인생을 의탁하는 것입니다. 뿐만 아니라, 우리의 대적 마귀와 영적 세력까지 보는 것은 신자의 삶에 매우 중요합니다.

믿지 않는 사람들은 육안으로 보는 것을 따라 살아갑니다. 그러나 믿음의 사람은 다르게 삽니다. 육체의 눈으로 보이는 것을 따라 행하지 않고 믿음으로 행하기 때문입니다고후5:7. 그런 이유로, 바울 사도는 "너희 마음의 눈을 밝히사"라고 기도한 것입니다.

현실밖에 보지 못하는 땅의 시각

그럼 이제 우리의 현실을 생각해 봅시다.

우리는 밝아진 마음의 눈으로 바울 사도가 보는 것들을 보고 있습니까? 우리의 믿음은 세상이 보지 못하는 것을 보고 있습니까? 그렇지 않다면 문제입니다.

신자가 하나님을 알지 못하는 사람들의 시각만을 가지고 살아간다면, 거기에는 영적 고통이 따를 뿐입니다. 예레미야 선지자가 정확하게 지적했듯이, 하나님을 경외함이 없는 것이 악일 뿐 아니라 고통이기 때문입니다렘2:19. '하나님을 경외한다'라는 말은 '하나님을 안다'는 말이고, 이것은 '마음의 눈이 밝다'라는 뜻입니다.

예수 믿는 사람이 돈을 추구하고 살면 고통스럽습니다. 그러면 예수 믿는 사람이 하나님의 영광을 위해 사는 데 돈이 잘 모이지 않으면 어떠할 것 같습니까? 똑같이 고통스럽겠습니까?

바울 사도를 보십시오. 그는 예수님을 만나기 전에 잘나가던 사람이었습니다. 그가 부활하신 예수님을 만나고 난 후 고생밖에 한 것이 없습니다. 하지만 그는 예수 믿기 전으로 돌아갈 생각을 하지 않습니다. 그가 쓴 편지들을 보면, 그는 감옥에서 편지를 쓰고 있음에도 제일 행복한 사람입니다. 당신은 이런 삶을 살기를 원하십니까? 아니면, 복음이 정말 이런 힘이 있는가 하는 것에 대해 여전히 의심스럽습니까?

천상의 시각이 없는 세상은 지혜와 힘과 부를 자랑합니다. 왜 그렇습니까? 이것은 세상의 게임에서 승패를 결정하는 요소들이기 때문입니다. 하지만 하나님을 진정으로 아는 사람, 천상의 시각을 가진 사람은 지혜와 힘과 부를 자랑하는 대신, 하나님 아는 것을 자랑합니다.

예레미야 선지자가 선포한 대로 말입니다.

"23여호와께서 이와 같이 말씀하시되 지혜로운 자는 그의 지혜를 자랑하지 말라 용사는 그의 용맹을 자랑하지 말라 부자는 그의 부함을 자랑하지 말라 24자랑하는 자는 이것으로 자랑할지니 곧 명철하여 나를 아는 것과 나 여호와는 사랑과 정의와 공의를 땅

에 행하는 자인 줄 깨닫는 것이라 나는 이 일을 기뻐하노라 여호
와의 말씀이니라"렘9:23~24

세상은 자신의 지혜나 용맹이나 부함을 자랑합니다. 요즘도 마찬
가지입니다. 학위를 자랑하고, 인맥을 과시하고, 가진 재산을 들먹이
며 우쭐해 합니다. 왜 세상은 이런 것들을 자랑하고 내세울까요? 세상
에서 펼쳐지는 게임의 승패를 좌우하는 요소들이니까요. 세상에서 승
패를 결정하는 요소들은 이처럼 눈에 보이는 것들입니다. 이런 것들을
노골적으로 자랑하든지, 혹은 은근하게 자랑하든지 그것을 하나님은
기뻐하지 않으시고 역겨워하십니다.

하나님을 아는 천상의 시각을 가진 사람들은 이런 것들을 자랑하지
않습니다. 그러면 무엇을 자랑합니까? 하나님께서 기뻐하시는 것을
자랑합니다. 명철하여 하나님을 아는 것을 자랑합니다. 하나님은 사랑
과 정의와 공의를 땅에 행하는 분이심을 깨닫는 것을 자랑합니다. 예
레미야 선지자는 이런 것을 자랑하라고 말했습니다.

우리는 자녀들을 양육할 때, "애야, 학위와 권력과 부가 세상에서
최고란다. 이게 너의 성공을 보장해 주는 거야!"라고 가르친다면, 우리
의 신앙은 무슨 의미가 있는 것입니까?

애야, 공부 못해도 괜찮아. 돈 못 벌어도 상관없어. 힘없어도 돼.
그렇지만 넌 하나님을 경외하는 사람이 되어야 해. 하나님을 아
는 사람이 되어야 해. 그러면 다 돼.

자녀를 향한 우리의 가르침이 이러해야 하지 않을까요. 천상의 시각을 가진 부모는 자신이 이렇게 살 뿐만 아니라, 자녀들도 이렇게 양육합니다.

바울 사도가 주 예수 그리스도를 아는 지식이 너무나 고상해서 이전에 유익하던 모든 것을 배설물로 여긴다고 한 고백이 바로 그것입니다빌3:7~8. 주 예수 그리스도를 아는 지식을 가지면 다르게 살게 되어 있습니다.

그러면, '하나님을 안다'는 것은 무엇입니까? 이것은 부르심의 소망과 성도 안에서 그의 기업의 영광의 풍성함과 믿는 자들에게 베푸신 하나님의 능력의 지극히 크심을 아는 것입니다. 이것은 온 우주를 향한 하나님의 구속 역사가 그리스도 안에서 완성되고 성취될 것을 아는 것입니다. 이것은 모든 나라와 민족에서 구속함을 받은 하나님의 백성인 교회가 하나님 앞에서 영광스러운 존재로 완성되는 것을 아는 것입니다. 그리고 세상의 남은 역사 속에서 교회가 보이지 않는 세력인 마귀의 궤계를 능히 이기고 그 영광 앞에 흠이 없이 기쁨으로 서게 하실 하나님의 능력의 지극히 크심을 아는 것입니다. 이것이 바로 하나님을 아는 것의 실체이자 핵심입니다.

바울 사도는 에베소 교회에게만 이렇게 말한 것이 아닙니다. 골로새 교회에게 쓴 편지에서는 이렇게 말씀했습니다.

"2위의 것을 생각하고 땅의 것을 생각하지 말라 3이는 너희가 죽었고 너희 생명이 그리스도와 함께 하나님 안에 감추어졌음이라

4우리 생명이신 그리스도께서 나타나실 그 때에 너희도 그와 함께 영광 중에 나타나리라"골3:2~4

위의 것을 찾고 생각하고 추구하라는 것입니다. 그런데 우리는 하루 종일 땅의 것을 생각하고 땅의 것을 좇으며 살고 있는 것은 아닙니까? 예수님을 모르고 예수님을 믿지 않는 사람들은 그렇게 삽니다. 하늘의 것을 모르니까요. 눈에 보이지 않으니까요. 바울 사도는 골로새 성도들을 향해 "너희가 위의 것을 알고 있고 보고 있다면 위의 것을 찾고 추구하라."라고 촉구한 것입니다.

그리고 빌립보 교회에 쓴 편지에서는 이렇게 말씀했습니다.

"10하늘에 있는 자들과 땅에 있는 자들과 땅 아래에 있는 자들로 모든 무릎을 예수의 이름에 꿇게 하시고 11모든 입으로 예수 그리스도를 주라 시인하여 하나님 아버지께 영광을 돌리게 하셨느니라"빌2:10~11

바울 사도는 우리의 시민권이 하늘에 있으니 구원하는 자 주 예수 그리스도를 기다리라고 권면합니다빌3:20.

'믿음이 있다'는 우리는 천상의 시각으로 이것들을 분명하게 보면서 살아가고 있습니까? 지금 우리의 관심은 위의 것에 있습니까, 땅의 것에 있습니까?

성경의 이 논리는 세상에서 우리 삶의 현실을 무시하고 살라는 말이 아닙니다. 삶의 현실은 무시할 수도 없고, 도피해서도 안 됩니다. 천상의 시각으로 삶의 현실 그 이상을 보라는 말씀입니다. 이처럼 더 큰 그림을 볼 때, 천상의 시각으로 세상을 볼 때, 영원의 시각에서 현재를 볼 때, 신자들은 현실의 싸움을 '정당하게', 그리고 '믿음으로' 싸우며 살아갈 수 있기 때문입니다.

이것은 비단 성도 개인의 문제로만 축소될 수 없습니다. 오늘날 많은 교회들이 땅의 것에 지나치게 집중하고 있다는 사실을 말하지 않을 수 없습니다. 좋은 아버지가 되고, 좋은 부부관계를 형성하고, 성경적으로 주식투자를 잘 하는 것 등등. 이러한 것들이 중요하지 않다는 것이 아닙니다. 이보다 더 근본적이고, 더 중요하고, 더 본질적인 것이 있다는 말입니다.

하지만, 오늘날 많은 교회들이 땅의 것들을 목회의 주요 관심사로 삼고 있습니다. 이 현상은 무엇을 말해 줍니까? 우리가 지금 무엇을 보고 있고, 어디에 관심을 더 많이 쏟고 있는가를 보여주는 것입니다. 다시 말하지만, 이런 현실의 주제들을 다루는 게 잘못이라는 의미가 아닙니다. 천상의 시각으로 큰 그림을 보지 못한 채, 현실의 문제들에 집중하는 것이 문제라는 말입니다.

에베소서 1장 21절을 보십시오.

"모든 통치와 권세와 능력과 주권과 이 세상뿐 아니라 오는 세상에 일컫는 모든 이름 위에 뛰어나게 하시고"엡1:21

하나님의 그 능력이 그리스도를 "모든 통치와 권세"를 포함한 모든 힘들 위에 높이실 것이라고 말씀합니다. 여기 '통치와 권세'는 3장 10절에서 "하늘에 있는 통치자들과 권세들"이라는 표현으로 다시 나타납니다. 교회를 통해 통치자들과 권세들에게 하나님의 각종 지혜를 알게 하려 하심이라고 말씀합니다. '통치자들과 권세들'은 에베소서에서 중요한 키워드입니다.

에베소서 6장 12절도 보십시오.

"우리의 씨름은 혈과 육을 상대하는 것이 아니요 통치자들과 권세들과 이 어둠의 세상 주관자들과 하늘에 있는 악의 영들을 상대함이라"엡6:12

여기서 바울 사도는 우리의 영적 싸움의 대상을 서술합니다. "통치자들과 권세들과 이 어둠의 세상 주관자들과 하늘에 있는 악의 영들"입니다. 골로새서 2장 15절에서도 보았듯이, 이는 하나님을 대적하는 영적 존재인 마귀와 그의 세력을 가리킵니다. 우리가 살아가는 세상에서 눈으로 보고 파악하는 것 뒤에 더 큰 영적 세력이 있다는 것입니다.

물론 성경은 마귀에 대해서 많이 말하지 않습니다. 그러나 분명한 것은, 성도들의 삶의 본질은 영적 전쟁의 맥락에서 이해되어야 한다는 것입니다. 그리고 이 싸움을 제대로 싸우기 위해서는 마음의 눈이 밝아져야만 합니다. 밝아진 천상의 시각으로 보이지 않는 세계의 존재들을 인식하는 것은 그리스도인에게 필수입니다.

하지만, 천상의 시각이 없이 눈앞의 현실 밖에 보지 못한다면, 아무리 신자라고 할지라도 더 나은 현실을 누리기 위해 기도하고 애쓰는 수준을 넘어설 수 없습니다. 세상의 게임의 법칙을 따라 세상 사람들과 경쟁하며 사는 삶을 넘어설 수 없습니다. 그냥 아등바등하며 사는 겁니다. 돈 좀 더 벌고, 좀 더 넓은 평수의 집에서 살고, 더 좋은 차로 바꾸는 그 이상의 삶을 살지 못합니다. 예수님을 믿지 않는 사람들이 세상에서 원하고 추구하는 범주를 결코 벗어나지 못합니다. 이것은 성경이 말하는 영적 전쟁과는 아무 상관없는 삶입니다.

이런 맥락에서 볼 때, 에베소 성도들의 마음의 눈을 밝혀 주시기를 소망했던 바울 사도의 기도는 오늘 우리 모두에게 너무나 절실한 기도 제목이 아닐 수 없습니다.

엘리사의 눈

마음의 눈이 밝아져 천상의 시각을 가진다는 것은 영적 실재를 보게 되는 것을 의미합니다. 열왕기하 6장에 나오는 엘리사 선지자의 이야기가 이를 잘 말해 줍니다.

엘리사 선지자가 활동하던 때, 아람이 이스라엘을 치려고만 하면 번번이 실패하고 말았습니다. 그 이유는 아람 왕이 침실에서 하는 말까지도 다 꿰뚫어 아는 엘리사의 비상한 능력 때문이었습니다. 이 사실을 알게 된 아람 왕은 엘리사를 죽이려고 시도합니다. 엘리사가 있는 도단 성으로 말과 병거와 많은 군사를 급히 보내어 밤에 그 성을 포위하게 합니다.

아침에 엘리사의 사환이 아람의 군사와 말과 병거가 성을 포위한 것을 보고서는 대경실색大驚失色합니다. "아아, 내 주여 우리가 어찌되리이까"왕하6:15, 하고 절망하며 탄식합니다. 엘리사의 대답입니다. "두려워하지 말라 우리와 함께 한 자가 그들과 함께 한 자보다 많으니라" 왕하6:16.

무엇이 이 두 사람의 차이를 만들었습니까? 사환은 대경실색하는데, 엘리사 선지자는 놀라지도 두려워하지도 않은 이유가 무엇입니까? 엘리사의 이 편안함은 어디에 기인한 것입니까? 답은 그 다음 구절에 있습니다. 엘리사 선지자는 놀라서 절망하는 사환을 위해 이렇게 기도합니다.

> "여호와여 원하건대 그의 눈을 열어서 보게 하옵소서 하니 여호와께서 그 청년의 눈을 여시매 그가 보니 불말과 불병거가 산에 가득하여 엘리사를 둘렀더라"왕하6:17

엘리사 선지자는 사환의 눈을 열어 보게 해 달라고 기도했습니다. 엘리사 선지자의 이 기도는 바울 사도가 에베소 성도들을 위해서 한 기도와 다르지 않습니다. 엘리사 선지자는 도단 성을 포위한 엄청난 아람 군대를 보았습니다. 이것은 육안으로 본 현실입니다. 신자는 이 현실을 무시하거나 회피할 수 없습니다.

하지만 엘리사는 그 이상을 보았습니다. 사환이 보지 못한 것을 보았습니다. 불말과 불병거가 산에 가득하여 자신을 두르고 있는 것을 보았습니다. 이것이 천상의 시각, 곧 영적 시각으로 본 것입니다. 엘리사의 기도가 마치자 어떤 일이 일어났습니까? 사환의 눈이 열렸습니다. 그렇게 해서 그도 엘리사가 본 불말과 불병거를 보게 됩니다. 천상의 시각이 열린 것입니다.

이 말씀은 무엇을 가르쳐 줍니까? 현실을 보지 못하거나 현실에 대한 정확한 분석을 하지 못하는 것이 관건이 아닙니다. 관건은 마음의 눈이 밝아져서 불말과 불병거를 보는 것입니다. 에베소서에서 쓴 바울의 표현대로라면, 그것은 "그의 힘의 위력으로 역사하심을 따라 믿는 우리에게 베푸신 능력의 지극히 크심이 어떠한 것을"엡1:19 아는 것입니다. 이게 핵심입니다.

엘리사와 사환을 다르게 만든 것이나 감옥에 있는 바울 사도와 에베소 성도들을 다르게 만든 것은 바로 천상의 시각이었습니다. 사환을 위한 엘리사의 기도나 에베소 성도들을 위한 바울 사도의 기도가 왜 중요한지 아시겠습니까?

실재를 보는 천상의 시각

영적 실재를 바라보는 천상의 시각이 없다면, 우리는 세상 사람들과 똑같이 살아갈 것입니다. 만일 자신의 삶이 하나님을 믿지 않는 사람들의 삶과 본질적으로 다르지 않다고 여긴다면, 우리는 마음의 눈이 감겨져 있는 것입니다. 천상의 시각이 아닌 땅의 시각으로 살아가는 겁니다.

성경은 온 세상과 전체 역사가 하나님의 구속의 거대한 드라마 안에 있다고 말씀합니다. 성경은 창조와 타락과 구속과 완성의 거대 드라마를 보여줍니다. 그리스도인은 이 구속의 드라마 속에서 자신의 인생을 발견합니다. 하나님께서 이 구속의 드라마를 완성으로 이끌고 가시는 과정의 큰 그림 속에서 자신의 역할을 발견하는 사람이 그리스도인입니다.

성경이 가르치는 구원은 단순히 우리가 죄 사함을 받고 천국에 들어간다는 개인적 차원의 이야기가 아닙니다. 하나님께서 창조하신 세계를 그리스도 안에서 완전히 회복하신다는 차원에서의 구속 이야기는 거대서사입니다. 우리 개인의 구원의 이야기는 이 큰 이야기 안에 자리합니다.

우리는 이 큰 이야기 속에서 은혜에 의하여 믿음으로 말미암아 구원을 받았고엡2:8, 그리스도의 몸 안으로 세례를 받아 교회가 되었습니다고전12:13. '내가 교회구나!'라는 사실을 인식하게 되었을 때, 우리는 다른 시각으로 자신을 바라보기 시작합니다. 교회가 하나님의 이 큰 구속의 드라마 속에서 어떤 위치에 서 있는지, 또 어떤 역할을 하고 있는지를 보기 때문입니다.

이처럼 그리스도의 몸 안으로 세례를 받아 교회가 되었을 때, 우리는 완전히 다른 정체성과 다른 삶의 내용과 목적과 의미를 가지고 살아가게 됩니다. 즉, 다른 게임을 하기 시작하는 것입니다. 이렇게 되면, 그 전에 살던 대로 살지 못합니다.

예수님께서는 십자가에서 죽으심으로써 죄와 죽음과 마귀를 결정적으로 이기셨습니다. 우리는 그 은혜로 구원을 받아 교회가 되었습니다. 그렇게 해서 교회인 우리는 이 세상 속에서 그리스도의 승리를 기리는 기념비로 존재하게 됩니다. 그리고 하나님께서는 그 능력의 지극히 크심으로 그리스도의 몸인 교회를 통해서 세상을 향한 하나님의 뜻을 성취하고 완성하실 것입니다.

만일 우리가 성령으로 거듭났고 믿음을 고백함으로 그리스도의 몸 안으로 세례를 받았다면, 우리는 이제 이 거대한 구속의 드라마의 주연인 교회의 지체로 부름을 받았다는 사실을 깊이 인식해야 합니다. '나는 교회로 부르심을 받았구나!' 이것을 인식할 때, 우리는 세상을 다르게 보기 시작합니다.

그렇게 해서, 우리는 이 구속의 드라마에서 하나님과 우리 자신, 그리고 타인과 세상을 바라보고 해석하는 틀을 발견합니다. 이것이 천상의 시각을 가지는 것입니다. 그리고 이 시각을 가질 때, 우리는 세상의 사람들이 가진 게임의 법칙을 넘어서게 됩니다. 더 나아가, 그들이 하는 게임과는 다른 게임을 하는 게임체인저로 살아갈 수 있게 됩니다.

하지만, 우리는 날마다 들려오는 세상의 판단과 평가를 피할 수 없습니다. "너는 지금 뒤처졌어. 그렇게 살면 안 돼. 더 열심히 살지 않으면 졸업도, 취직도, 심지어 결혼도 어려울 것이고, 결국 너는 사회의 패자가 되고 말거야." 이런 부담스럽고 무거운 세평世評이 우리의 귓전에 끊임없이 맴돕니다. 그래서 더 성실히 살아야겠다고 다짐하며 그 게임의 법칙에 목을 맵니다. 그렇게 해서 좋은 성적으로 졸업하고, 남들이 부러워하는 직장에 취업하고, 좋은 조건으로 결혼하여 자타가 공인하는 성공적인 삶을 영위할 수도 있습니다.

그러나 우리는 압니다. 그 게임의 법칙을 따라 열심히 노력하며 산다고 해서 모두가 다 원하는 결과를 얻는 것이 아니라는 사실을 압니다. 그중 많은 사람들은 거듭되는 실패에 좌절합니다. 오직 승자만이 살아남는 게임이니까요. "The Winner Takes It All!" 승자독식勝者獨食, 이것이 세상이 가진 경쟁이라는 게임의 법칙의 원리입니다. 하지만 그리스도인은 이 법칙에 따라 살지도 않으며 이 법칙에 매이지도 않는 사람입니다.

요한계시록 2~3장에는 아시아에 있는 일곱 교회에 쓴 편지가 나옵니다. 여기에서 '이기는 자'에게 주시는 상에 대한 내용을 반복해서 언급합니다. 이기는 자는 어떤 사람을 가리킵니까? 세상의 게임의 법칙을 따라 경쟁에서 이긴 승자를 의미할까요? 결코 그렇지 않습니다. 주님께서 말씀하신 이기는 자는 세상 경쟁에서 이긴 승자를 의미하는 것이 아닙니다.

예수를 믿는다는 것은, 열심히 노력하고 기도하여 하나님의 도움까지 더해져서 사회에서 성공적인 인생을 살아가는 것과는 무관합니다. 그것으로는 믿음이 설명되지 않습니다. 그리스도인은 이런 세상의 경쟁에서 이김으로써 즐거워하지 않습니다. 반대로 패배하였다고 해서 좌절하지도 않습니다. 그리스도인은 이런 삶으로 부름 받은 것이 아니기 때문입니다.

그리스도인은 다릅니다. 세상의 경쟁에 매인 삶에서 건짐을 받고 구속을 받은 자가 그리스도인입니다. 이 사실이 놀랍게 받아들여집니까? 그러기를 바랍니다.

재차 말씀드립니다. 마음의 눈이 밝아져서 부르심의 소망과 성도 안에서 하나님의 기업의 영광의 풍성함과 믿는 우리에게 베푸신 능력의 지극히 크심을 알게 되면, 복음으로 말미암아 세상과 삶을 바라보는 완전히 새로운 관점을 갖게 됩니다. 천상의 시각으로 완전히 다른 게임을 하며 살아가게 됩니다. 천상의 시각이 결정합니다.

천상의 시각이 일으키는 삶의 풍경

이제 천상의 시각으로 사는 것을 이해하시겠습니까? 그래서 완전히 다른 게임을 하는 것에 대해 실감하십니까? 아직 이 큰 그림이 와닿지 않는 분들을 위해서 좀 더 구체적인 내용을 살펴보겠습니다. 구체적이라는 말을 이런 식으로 오해하지는 마십시오.

그래, 예수 믿으니까 부부생활이 남달리 좋아야지.
그래, 예수 믿으니까 자녀들을 정말 잘 양육하고 좋은 대학 보내야지.
그래, 예수 믿으니까 직장생활을 성공적으로 해야지.

이런 의식은 신앙보다는 강박관념에 더 가깝습니다. 지금 우리의 이야기는 이런 것이 아닙니다. 마음의 눈이 열린 사람들이 이제는 부부 관계를, 부모와 자녀의 관계를, 일터에서 가지는 관계들을 천상의 시각으로 보는 것을 말합니다. 여전히 똑같은 삶의 현장을 살아가지만, 다른 내용으로 다른 게임을 하며 살아가는 것에 대한 이야기입니다.

바울 사도는 에베소서 5장 22~33절에서 아내와 남편에 대해서 다룹니다. 부부는 세상 대부분의 사람이 가정에서 경험하는 관계의 최소 단위입니다. 바울 사도는 부부관계에 대한 완전히 새로운 시각을 제시합니다. 아내와 남편의 관계를, 교회와 주님의 관계를 반영하는 것으로 보는 천상의 시각입니다. 아내는 교회가 주님께 복종하듯 남편에게 복종하고, 남편은 그리스도께서 교회를 사랑하여 자신을 주셨듯이 교회를 사랑하는 것입니다.

"아내들이여 자기 남편에게 복종하기를 주께 하듯 하라"엡5:22
"남편들아 아내 사랑하기를 그리스도께서 교회를 사랑하시고 그
교회를 위하여 자신을 주심 같이 하라"엡5:25

자신의 생명을 주듯 아내를 사랑하여 그녀를 흠 없고 티 없는 영광스러운 존재로 세워주는 남편에 대한 가르침은 세상이 아는 부부관계의 법칙을 뒤집는 가르침이었습니다. 이것은 마음의 눈이 밝아져서 우리의 부르심과 기업의 영광의 풍성함과 성도에게 베푸시는 하나님의 능력의 지극히 크심을 보지 않고서는 도무지 불가능하고 꿈도 꿀 수

없는 일입니다. 이것은 바울 사도가 살던 당대 그리스-로마 세계의 부부 윤리에 저항하는 새로운 윤리의 천명이었습니다.

자녀와 부모의 관계도 마찬가지입니다엡6:1~4. "너희 자녀를 노엽게 하지 말고 오직 주의 교훈과 훈계로 양육하라"엡6:4라는 아버지들에게 주는 권면도 부모와 자녀 관계에 대한 천상의 시각을 반영합니다.

우리가 직장에서의 관계에 적용할 수 있는 종과 상전의 관계는 더욱 그렇습니다엡6:5~9. 종들에게는 눈가림으로 하지 말고 자기 상전에게 순종하기를 "기쁜 마음으로 섬기기를 주께 하듯" 하라고 권면합니다. 어떻게 이게 가능합니까? 상전들에게도 명합니다.

"상전들아 너희도 그들에게 이와 같이 하고 위협을 그치라 이는 그들과 너희의 상전이 하늘에 계시고 그에게는 사람을 외모로 취하는 일이 없는 줄 너희가 앎이라"엡6:9

상전들도 종들에게 마음으로 진실히 대해야 할 뿐 아니라, 위협을 그치고 함부로 대하지 말라는 겁니다. 갑질 하지 말고 인격을 존중하라는 말입니다. 종이든 상전이든 그들이 상대를 대하는 방식으로 하나님께서 그들을 대하실 것이라고 경고합니다.

이것은 거의 체제저항적 윤리입니다. 실상 1세기 그리스-로마 시대뿐만 아니라 21세기 대한민국에서도 말도 안 되는 이야기입니다. 하지만 그리스도인은 이 법칙으로 삽니다. 그리스도인이라면, 더 이상 이전과 같은 방식으로 관계를 맺으며 살아갈 수 없습니다. 아내와 남편,

자녀와 부모도 마찬가지입니다. 그리스도인은 천상의 시각으로 삶을 바라보는 까닭에 세상 사람들과는 다른 게임을 하는 사람입니다.

바울 사도는 이런 구체적 일상의 사례들을 언급하기를 마치자마자 영적 전쟁에 대한 말씀엡6:10~20을 이어갑니다.

일상의 모든 관계와 삶은 "혈과 육을 상대하는 것이 아니요 통치자들과 권세들과 이 어둠의 세상 주관자들과 하늘에 있는 악의 영들을 상대"엡6:12하는 영적 전쟁이라는 맥락에서 이해하고 감당해야 하는 것이기 때문이라고, 바울 사도는 말씀하는 것입니다. 그리고 이 싸움은 '주 안에서와 그의 힘의 능력으로 강건하여질'엡6:10 때에만 감당할 수 있는 싸움입니다.

마음의 눈을 밝혀 주옵소서!

하나님의 구속의 드라마에 참여하는 성도들은 이처럼 천상의 시각을 가지고 살아가야 합니다. 그러기 위해서 필요한 것이 무엇입니까? 에베소 교회를 위한 바울 사도의 기도를 다시 읽어 봅시다.

> "18너희 마음의 눈을 밝히사 그의 부르심의 소망이 무엇이며 성도 안에서 그 기업의 영광의 풍성함이 무엇이며 19그의 힘의 위력으로 역사하심을 따라 믿는 우리에게 베푸신 능력의 지극히 크심이 어떠한 것을 너희로 알게 하시기를 구하노라"엡1:18~19

하나님께서 우리 마음의 눈을 밝혀 주셔야 할 이유가 무엇입니까?

천상의 시각이 없으면, 우리의 싸움은 허공을 치는 것에 지나지 않기 때문입니다. 천상의 시각이 없으면, 우리의 기도는 이기적 소원 빌기를 넘어서지 못합니다. 천상의 시각이 없으면, 우리의 인생은 자기중심성이라는 죄인들의 DNA를 벗어나지 못하는 범주에서 살게 됩니다. 그저 어떻게 하면 덜 고생하고 더 편하게 살 것인가의 수준에 머문 채 살아가게 될 뿐입니다.

주님께서는 우리가 세상에서 이런 삶을 누리며 살라고 십자가에서 죽으신 게 아닙니다. 그리스도인은 세상에서 잘 먹고 잘 사는 것을 인생의 목적으로 삼고 살지 않습니다.

예수님께서는 단도직입적으로 말씀하셨습니다. "너희는 먼저 그의 나라와 그의 의를 구하라."마6:33a 하나님의 나라와 하나님의 의가 우리 인생의 최우선적인 목적이 되는 삶을 살라는 것입니다. 그렇게 살면 주님께서 의식주와 같은 우리 삶의 모든 일상적 필요들을 채워주실 것이라고 약속하십니다.

잘 먹고 잘사는 것을 목적으로 하는 삶은 세상 사람이 다 하는 게임을 하는 것입니다. "다 먹고 살자고 하는 짓이잖아." 흔히들 이렇게 이야기하지요. 이것은 신자의 언어가 아닙니다. 신자는 다른 게임을 하는 사람으로 부르심을 받았습니다. 믿는 우리에게 베푸신 하나님의 능력의 지극히 크심으로 다른 게임을 하며 살아갈 힘을 얻습니다. 신자의 이기는 삶은 여기서 시작합니다.

그러려면 눈이 열려야 합니다. 주님께서 우리 마음의 눈을 밝혀 주셔야 합니다. 천상의 시각이 열려야 합니다. 그 시각으로 하나님께서 온 세상에서 이루어 가시는 거대한 그림을 보게 되면, 우리가 하나님 앞에서 얼마나 존귀한 신분인지를 알게 됩니다. 뿐만 아니라, 하나님 께서 그리스도의 몸인 교회를 통해서 이루어 가실 구속의 드라마에서 자신의 역할을 찾고 감당하게 됩니다. 이것은 바울 사도의 간증이 깊이 스며든 이야기입니다.

그래서 이런 생각을 해 봅니다.

내 인생에서 마지막으로 무엇인가를 쓸 수 있는 기회가 주어진다 면, 나의 사랑하는 자녀들이나 아직 살아갈 날이 많이 남아 있는 이들에게 천상의 시각으로 살았던 나의 삶이 담긴 이런 이야기를 남길 수 있으면 좋겠다. 이게 진짜 삶이야! 살아봤는데, 이게 진짜 최고더라!

여러분은 이런 생각을 해 보지 않았습니까? 그리고 이런 이야기를 남기고 싶지 않습니까?

묵상과 나눔을 위한 물음

1. 돈이 사람을 다르게 살게 하는 힘이 있는 것과 같이 복음은 사람을 다르게 살게 하는 힘이 있다는 것을 당신 자신의 말로 설명해 보십시오.

2. 저자는 어떤 점에서 천상의 시각을 가지게 되는 것이 다른 게임을 하며 살아가게 하는 출발점이라고 주장합니까?

3. 바울 사도가 기도한 대로, 마음의 눈이 밝아져서 당신이 보아야 할 영적 실재 가운데 가장 중요한 것은 무엇입니까? 왜 그것이 가장 중요하다고 생각합니까?

4. 천상의 시각을 가지는 것이 당신이 맺고 살아가는 중요한 관계에 어떤 변화를 가져올지 적용적 관점에서 생각해 보십시오.

5. 당신은 천상의 시각으로 다른 게임을 하며 살아온 자신의 삶이야말로 최고의 삶이었노라는 말을 남겨줄 수 있는 삶을 살기 원하십니까? 그 일을 위해 오늘 당신이 할 수 있는 일은 무엇입니까?

3장

세상이 감당하지
못하는 사람들 1

———

이런 사람은 세상이 감당하지 못하느니라

_히브리서 11장 38a절

———

그리스도인이 물어야 할 근원적인 질문

나 잘 살고 있는 거 맞아?

'다른 게임을 하는 사람들'이라는 큰 주제를 살피면서 가지게 되는 고민은 "나 잘 살고 있는 거 맞아?" 하는 고민입니다. 진정 제대로 살고 있기나 한 것인가 하는 고민입니다. 당신은 어떠세요? 지금 잘 살고 있나요? 누구에게 물어보면 답해 줄까요? 부모님이나 선배, 친구들에게 물을 수 있을 겁니다. 하지만, 저는 이 질문을 하나님께 묻고 싶습니다.

하나님, 저 제대로 살고 있는 거 맞아요?

히브리서 11장 말씀을 통해 이 고민의 답을 찾아보려 합니다. 신자는 이 세상을 살아가지만, 하늘에 속한 사람으로서 다른 게임을 하며 사는 사람입니다. 이런 의미에서, 그리스도인은 세상의 게임의 법칙을, 곧 세상의 판도를 뒤집어 놓으신 그리스도를 따르는 게임체인저입니다.

세상의 게임은 세상 모든 영역에서 모든 사람이 참여하는 경쟁과 승패의 게임입니다. 성적과 진학과 학위를 얻는 과정에 그치지 않습니다. 학력과 함께 재력과 권력을 포함한 삶의 모든 영역에서 이 게임은 쉴 새 없이 진행됩니다. 하여, 숨 가쁜 인생입니다.

복음을 축소하거나 오해하지 말아야 합니다. 그리스도께서 이런 세상에서 우리를 구속하셨다는 것은 죽어서 천국에 간다는 의미로 축소될 수 없습니다. 세상의 게임에서 승자가 되도록 도우신다는 의미도 아닙니다. 그것은 이 땅을 지배하는 게임의 법칙에 사로잡힌 우리를 그 게임의 법칙들로부터 구속하셨음을 의미합니다. "너희는 더 이상 그 게임의 법칙에 묶여서 살지 않아도 돼!", 라는 선언입니다.

문제는, 우리가 육신을 가진 존재로서 어떻게 이 무한 경쟁의 세상에서 벗어나 다른 게임을 하며 살아갈 수 있는가 하는 것입니다. 이 세상은 조금만 쉬고 있어도 뒤처진 것처럼 느끼게 만드는 세상입니다. 모든 사람이 더 편하고 안락한 삶을 추구하고 애쓰는 경쟁 속에서 살아갑니다. 더 많이 얻고 더 높이 오르기 위해서 수단과 방법을 가리지 않는 사람들로 즐비합니다.

하지만 신자의 삶은 다릅니다. 사람들과의 경쟁에서 살아남고 이기는 승자의 삶을 위해 안간힘을 쓰는 대신, 우리는 어떻게 하면 사람들을 더 많이 사랑하는 삶을 살 수 있을지 고민합니다. 그렇게 주변의 사람들을 경쟁자로 보지 않고 사랑해야 할 이웃으로 보려면 어떻게 해야 할까요? 그런 의미에서, 그리스도인의 질문은 "어떻게 싸움에서 이길 수 있는가?"가 아닙니다. 그리스도인의 근원적인 질문은 이것입니다.

어떻게 목숨을 다해 하나님을 사랑하고 이웃을 사랑할 수 있는가?

우리는 어떻게 심령이 가난한 자나 애통하는 자로 살 수 있습니까?

또 온유한 자로 이 세상을 살아갈 수 있을까요? 우리는 또 어떻게 이 세상에서 소금과 빛일 수 있을까요? 우리는 또 어떻게 선으로 악을 이기고, 오른뺨을 치면 왼뺨을 돌려 댈 수 있을까요? 더 편하고 더 안락한 삶이 목표가 되지 않는 삶, 그래서 하나님의 나라와 의를 최우선으로 추구하는 삶을 어떻게 살 수 있습니까? 주님께서 하신 말씀들이 그저 농담이 아니라면 말입니다.

우리는 에베소 교회를 위한 바울 사도의 기도를 살펴보았습니다. 그 간절한 기도를 통해 우리는 주의 말씀을 따라 이 세상에서 살아가기 위해 필요한 것이 무엇인지를 배웠습니다. 무엇입니까? 세상에서 다른 게임을 하고 살아가려면 천상의 시각이 필요하다는 것이었습니다.

그런 까닭에, 주님께서 마음의 눈을 밝히사 부르심의 소망, 곧 온 세상을 향한 비전과 하나님의 기업인 교회의 영광을, 그리고 성도와 함께하시고 성도에게 베푸시는 그분의 능력을 에베소 성도들이 알기를 위해 바울 사도는 간구했습니다엡1:17~19. 우리는 바울 사도의 이 마음과 기도를 기억하며 삶에 고스란히 품어야 합니다.

우리가 살아가는 세상의 실재, 혹은 현실에 대한 이 천상의 관점이 없다면 참으로 낭패입니다. 왜 그렇습니까? 그리스도인답게 이 땅에서 살아갈 수 없기 때문입니다. 경쟁을 부추기는 세상의 게임의 법칙을 따라 더 성실하게 살아가게 될 뿐입니다. 그렇게 삶으로써 성공하거나, 혹은 실패를 경험할 것입니다. 성실하게 열심히 산들, 그것은 하나님을 영화롭게 하거나 하나님의 나라에 기여하는 삶과는 무관합니다. 그래서 낭패스런 인생이 되고 맙니다.

다시 생각해 봅시다. 그리고 우리 자신의 마음을 다잡고서 자신의 믿음의 내용을 정직하게 점검해 봅시다. 세상에서 그리스도인으로 부름 받은 존재로 살아간다는 것은 온 세상과 역사의 주인이신 주님의 모든 말씀을 따라 살아가겠다는 것을 전제로 하는 것이 아닙니까?

히브리서와 11장, 평범한 그리스도인들

히브리서 11장의 본문으로 들어가 봅시다. 이 말씀을 통해서, 천상의 관점으로 사는 신자가 가지는 믿음의 본질이 무엇인지 두 차례에 걸쳐 살펴보려 합니다.

그리스도인으로서 우리는 성경이 가르치는 믿음의 내용을 마땅히 알아야 합니다. 또 믿음의 선배들이 가졌던 그 믿음의 내용과 우리의 믿음의 내용을 비교하면서 무엇이 교정되어야 하는지를 깨달아야 합니다. 그리고 이 앎과 깨달음에서 주의 은혜를 구해야 합니다.

히브리서 11장은 '믿음의 장'이라고 불립니다. 믿음과 관련하여 많은 구약 인물들의 사례를 소개합니다. 그들의 사례들을 살펴보면서, 우리는 이들이야말로 천상의 관점을 지니고 자신들의 시대를 살아갔던 인물들임을 봅니다. 그래서 갖게 되는 물음들이 있습니다.

신자인 우리는 바벨론과 같은 세상에서 어떻게 살아야 하는가?
소위 '이긴다'는 것의 의미는 무엇이고, 이김의 방식은 무엇인가?

히브리서는 신앙을 포기하는 배교의 위기에 처한 1세기 유대 기독교 공동체를 향해서 쓰인 서신입니다. 적지 않은 사람들이 기독교 신앙을 버리고 과거의 유대교로 돌아가고 있었습니다. 이들 중에는 교회의 지도자들도 있었을 것입니다. 공동체가 겪을 수 있는 최대의 위기였을 겁니다.

왜 그들은 배교의 길을 선택한 것일까요? 그것은 일차적으로 그리스도를 바르게 이해하지 못했기 때문이지만, 믿음을 지키기 위해서 감당해야 할 대가가 크다는 것도 하나의 결정적인 이유였습니다. 당시 로마제국에서 유대교는 유일신을 믿는 합법적 종교로 인정되고 있었기에, 그들은 유대교로 돌아가기만 하면 불필요한 핍박을 면할 수 있다고 생각했던 것입니다.

그런 까닭에, 히브리서 기자가 11장에서 믿음으로 살았고 믿음으로 죽었던 구약의 인물들을 열거함으로써 말하고자 하는 바는 분명했습니다. 이른바 '믿음'이 믿는 자들의 삶 속에서 어떻게 강력하게 일하는지에 대해서 말하려 했던 것입니다. 그리고 그 믿음이야말로 이 모든 상황을 감당하고 끝까지 인내하게 하는 능력임을 깨우쳐 주려고 했습니다.

그는 히브리서 11장 38절에서 '세상이 감당하지 못하는 사람'이란 말을 사용합니다. 다시 말해서, 이들은 믿음으로 세상에서 다른 게임을 한 사람들이었습니다. 세상에서 다른 게임을 하고 살았던 신자들을 세상은 감당할 수 없었습니다.

우리가 오해하지 말아야 할 것이 있습니다. 11장에 기록된 인물들은 특별한 사람들이 아니라는 사실입니다. 우리는 이 평범함을 인정할 필요가 있습니다. 어떤 이들은 11장을 두고서 '믿음의 영웅들'이라는 제목을 붙이곤 합니다. 그러나 11장을 주의 깊게 읽는다면, 히브리서 기자에게는 이들을 특별한 영웅들로 소개하려는 의도가 없었다는 것을 알 수 있습니다. 뿐만 아니라, 그것은 그에게 영감을 주신 성령님의 의도도 아니었다는 것을 볼 수 있습니다.

히브리서 기자는 이렇게 기록합니다.

> "내가 무슨 말을 더 하리요 기드온, 바락, 삼손, 입다, 다윗 및 사무엘과 선지자들의 일을 말하려면 내게 시간이 부족하리로다"히11:32

이런 사람들이 너무나 많다는 것입니다. 평범하다는 것이지요. 게다가 하나하나 뜯어보면, 그들은 흠이 많은 사람들이기도 했습니다.

그러면 히브리서 기자는 어떤 의도를 가지고 이 사람들의 목록을 기록한 것일까요? 그리고 이처럼 평범하고 흠이 많은 사람들이 세상이 감당하지 못하는 삶을 살 수 있었던 이유는 무엇일까요? 그 이유는 단순하고 명확해 보입니다. '하나님께서 그들에게 주신 믿음 때문'이었습니다. '믿음', 이것이 그들의 삶을 설명할 수 있는 단 하나의 단어라는 겁니다.

그래서 히브리서 11장은 평범한 구약 신자들의 이야기입니다. 또한 오늘을 사는 우리들의 이야기이기도 합니다.

여기에 등장하는 모든 인물들을 일일이 다루는 대신, 히브리서 기자가 강조하는 요소들 중 믿음의 세 가지 본질을 주목하려고 합니다. 이 믿음은 세상이 감당하지 못하는 신자들이 가지는 믿음이며, 모든 참된 그리스도인들이 가지는 동일한 믿음의 본질입니다.

믿음의 세 가지 본질들 가운데 이번 장에서는 그 첫 번째 본질을 살펴보겠습니다.

믿음의 첫 번째 본질_

하나님의 상을 바라는 믿음

이 세상에서 다른 게임을 하는 사람들, 즉 세상이 감당하지 못하는 사람들의 믿음은 '하나님께서 주실 상을 기대하는 믿음'입니다. 이것이 믿음의 첫 번째 본질입니다.

우리는 이 세상에 살면서 세상의 게임의 법칙에 따라 치열하게 경쟁하며 살아갑니다. 이 세상에 사는 한 어느 누구도 그 법칙에서 벗어나기는 어렵습니다. 그 법칙은 공기처럼 우리를 감싸고 있기 때문입니다.

여러 번 말하지만, 우리 대부분은 초등학교에 들어가면서부터 '경쟁'이라는 것을 본격적으로 경험하기 시작했을 것입니다. 시험을 치고, 점수를 매기고, 등수를 부여함으로써 우열이 가려지기 시작했습니다. 어떤 이들은 초등학교 이전부터 그것을 경험했을지도 모릅니다. 영재학교 같은 곳에 가기 위해서 말이지요. 또 어떤 이들은 미숙한 부모 밑에서 자란 탓에 가정에서 부모의 인정과 사랑을 얻기 위해 형제들과 경쟁했었을 수도 있습니다.

그 경쟁은 해를 거듭하고 나이가 들수록 점점 더 심해지고, 대학까지 이어집니다. 그러나 경쟁은 거기서 끝나지 않습니다. 취업을 위한 경쟁이 기다리고 있습니다. 취업 이후에는 승진을 위한 경쟁에 생을 바칩니다.

이 사회에서 살아가는 한, 경쟁은 결코 멈추지 않습니다. 경쟁은 다양한 방식의 비교를 통해 부추겨집니다. '누가 더 멋진 결혼식을 할까?' '누가 더 좋은 집에서 신혼을 시작할까?' '누가 더 안락한 삶을 빨리 살기 시작할까?' '누가 더 좋은 은퇴 플랜을 가졌을까?' 이런 식의 비교들이 늙기까지 그치지 않습니다. 끝이 없는 비교와 경쟁의 늪에 빠진 듯 삽니다.

하지만 이 모든 비교와 경쟁에는 공통점이 있습니다. 인생이라는 시간 한계 안에서의 비교이자 경쟁이라는 사실입니다. 인생이라는 시간 안에서 모든 것을 사유하는 것, 이것이 경쟁의 법칙의 한계입니다.

그러나 성경은 다르게 말합니다. 자연인이 거듭날 때 영원에 대한 시야가 열린다고 가르칩니다. 거듭나기 전에는 인생이 전부라고 생각했습니다. 하지만, 거듭남의 은혜를 입은 후에는 영의 눈이 열려서 영원하신 하나님을 알게 됩니다.

더불어, 우리의 존재도 영원을 위해 지어졌다는 사실을 깨닫습니다. 우리는 태어날 때부터, 혹은 어머니 뱃속에서 수정된 이후부터 존재하기 시작하는 것이 아니라는 겁니다. 거듭난 하나님의 자녀들은 성경을 통해서 다르게 배웁니다. 태초에 천지를 창조하기 전부터 하나님께서 자신을 아셨고, 사랑하셨고, 선택하셨다는 사실을 배우고 깨닫습니다.

> "곧 창세 전에 그리스도 안에서 우리를 택하사 우리로 사랑 안에
> 서 그 앞에 거룩하고 흠이 없게 하시려고"엡1:4

사람은 영원을 위해서 창조된 존재입니다. 이것이 천상의 시각입니다. 이 시각이 인생을 바라보는 관점을 변화시키는 것은 너무나 당연합니다. 거듭난 하나님의 자녀가 이전처럼 세상을 보고 인생을 바라보며 사는 것은 불가능합니다.

그래서 이렇게 점검해 볼 수 있습니다. 만일 이런 시각이 조금도 열리지 않았다면, 그리고 여전히 믿기 전과 똑같은 방식으로 인생을 이해하고 바라보고 살아가고 있다면, 아직 거듭난 신자가 아닐 수 있습니다. 이 말이 불편할까요? 그렇다면 우리는 성경을 통해서 자신이 과연 참된 믿음에 있는지를 진지하게 살펴야 합니다.

고린도후서 13장 5절의 말씀이 그렇습니다.

> "너희는 믿음 안에 있는가 너희 자신을 시험하고 너희 자신을 확
> 증하라 예수 그리스도께서 너희 안에 계신 줄을 너희가 스스로
> 알지 못하느냐 그렇지 않으면 너희는 버림 받은 자니라"고후13:5

자신의 믿음을 진지하게 점검해 보려면, 우리는 믿음의 본질에 대해 알아야 합니다. 히브리서 11장 6절이 하나님을 기쁘시게 하는 믿음

의 한 가지 특성을 분명하게 밝힙니다.

> "믿음이 없이는 하나님을 기쁘시게 하지 못하나니 하나님께 나
> 아가는 자는 반드시 그가 계신 것과 또한 그가 자기를 찾는 자들
> 에게 상 주시는 이심을 믿어야 할지니라"히11:6

히브리서 기자는 여기서 믿음의 특성을 '하나님께서는 자기를 찾는 자들에게 상 주시는 이심을 믿는 것'이라고 말씀합니다. 이 상은 인생을 사는 동안 누리고 사는 것으로 이해되거나 축소될 수 없습니다. 이것은 하나님께서 주시는 영원히 쇠하지 않는 상입니다. 신자는 그것을 생각하고 바라며 사는 사람입니다. 이 믿음이 하나님을 기쁘시게 하는 믿음입니다.

2장에서 잠시 언급했던 것처럼, 바울 사도는 1세기 신자들의 일터 윤리를 이렇게 가르쳤습니다.

> "22종들아 모든 일에 육신의 상전들에게 순종하되 사람을 기쁘게
> 하는 자와 같이 눈가림만 하지 말고 오직 주를 두려워하여 성실
> 한 마음으로 하라 23무슨 일을 하든지 마음을 다하여 주께 하듯
> 하고 사람에게 하듯 하지 말라 24이는 기업의 상을 주께 받을 줄
> 아나니 너희는 주 그리스도를 섬기느니라 25불의를 행하는 자는
> 불의의 보응을 받으리니 주는 사람을 외모로 취하심이 없느니라
> 4:1상전들아 의와 공평을 종들에게 베풀지니 너희에게도 하늘에
> 상전이 계심을 알지어다"골3:22~4:1

종들이 상전에게 순종하되 눈가림만 하지 말고 주께 하듯 하라는 권면의 근거는 무엇입니까? '기업의 상을 주께 받을 줄 알기' 때문입니다. 또 상전들이 의와 공평으로 종들을 대해야 하는 근거도 하늘에 자신들의 상전이 계심을 알기 때문입니다.

이 말씀에 의하면, 이 세상에서 사는 동안 우리는 자신의 수고에 대한 모든 보상을 다 받는 것이 아닙니다. 하나님이 보고 계시고 준비해 주실 상이 있다는 것을 신자들은 믿습니다. 세상에서 받는 연봉이 다가 아니라는 것이지요. 신자는 이것을 알고 기대하는 가운데 직장 생활을 하고 또 이런저런 일을 하며 살아가는 사람입니다. 심지어 인생에서 낭비되는 시간처럼 여겨질 수도 있는 취업을 준비하는 기간일지라도 신자는 하나님이 주실 상을 바라보고 준비할 수 있습니다. 그리스도인의 인생에서 낭비되는 시간은 없습니다.

이런 태도는 히브리서 10장에서도 볼 수 있습니다.

"32전날에 너희가 빛을 받은 후에 고난의 큰 싸움을 견디어 낸 것을 생각하라 33혹은 비방과 환난으로써 사람에게 구경거리가 되고 혹은 이런 형편에 있는 자들과 사귀는 자가 되었으니 34너희가 갇힌 자를 동정하고 너희 소유를 빼앗기는 것도 기쁘게 당한 것은 더 낫고 영구한 소유가 있는 줄 앎이라 35그러므로 너희 담대함을 버리지 말라 이것이 큰 상을 얻게 하느니라"히10:32~35

자기 소유를 빼앗기는 일을 어찌 기쁘게 당할 수 있습니까? 이것이 가능합니까? 그러나 히브리서 기자는 그런 일이 너희 중에 일어났다고 말합니다. 어떻게 그것이 가능했을까요? 그것은 "더 낫고 영구한 소유가 있는 줄" 그들이 알았기 때문입니다. 그리고 그것이 "큰 상을 얻게" 하는 줄 알았기 때문입니다.

히브리서 기자는 이 말을 한 뒤에, "바로 이게 믿음이야!"라고 11장에서 말하는 겁니다. 그래서 11장은 이렇게 시작합니다.

"믿음은 바라는 것들의 실상이요 보이지 않는 것들의 증거니" 히11:1

믿음은 아직 내 손에 들어오지 않은, 그래서 여전히 소망의 대상인 것들이 이미 이루어진 것처럼 확신하는 것이라고 히브리서 기자는 말합니다. 그렇습니다. 아직 눈에 보이지 않지만 이미 확보한 증거를 가진 것처럼 여기는 것이 믿음입니다. 히브리서 기자는 이것을 그대로 6절에서 하나님께서 주실 상에 적용을 하고 있습니다.

히브리서 11장에 등장하는 모든 인물들이 다 그렇지만, 특별히 하나님께서 자기를 찾는 이들에게 상을 주시는 분이심을 믿는 믿음을 잘 보여준 인물이 모세입니다. 모세는 우리가 잘 알다시피, 애굽에서 압제를 받는 히브리 사람으로 태어났지만, 바로의 왕궁에서 왕자의 신분으로 성장하는 예외적 특권을 누린 인물입니다.

하지만 24~25절을 보면, 그는 하나님의 백성과 함께 고난 받는 것이 바로의 공주의 아들로 왕궁에서 살아가는 것보다 더 낫다고 판단했습니다.

"**24**믿음으로 모세는 장성하여 바로의 공주의 아들이라 칭함 받
기를 거절하고 **25**도리어 하나님의 백성과 함께 고난 받기를 잠시
죄악의 낙을 누리는 것보다 더 좋아하고"히11:24~25

그리고 26절은 모세가 그리스도를 위하여 받는 수모를 애굽의 모
든 보화보다 더 큰 재물로 판단했다고 밝힙니다. 세상의 혹독한 가장
자리를 선택했던 겁니다.

"그리스도를 위하여 받는 수모를 애굽의 모든 보화보다 더 큰 재
물로 여겼으니 이는 상 주심을 바라봄이라"히11:26

여기서, '여겼다'라는 단어는 '그 관점을 취하다'라는 뜻입니다. '그
관점'은 무엇입니까? 어떤 관점이 그를 그런 판단과 결단으로 이끌었
습니까? 바로 '믿음의 관점'이고, 에베소서의 표현을 빌면 '천상의 시
각'입니다. 모세는 믿음의 관점을 취한 것입니다. 그것은 26절 하반절
에 쓴 대로, "상 주심을 바라봄"이었습니다.

초기 교회의 상 주심을 바라보는 믿음

잠시 초기 교회 이야기를 소개하려고 합니다. 초기 교회라고 하면,
주후 313년에 콘스탄티누스 대제Constantinus 大帝가 기독교를 공인하기

전까지, 대략적으로는 1~4세기의 교회를 가리킵니다. 3세기에 쓰인 기독교 문서 가운데 『성 페르페투아와 펠리시타스의 수난』이 있습니다.

페르페투아Perpetua와 펠리시타스Felicitas는 기독교로의 개종을 금지했던 로마 황제 셉티미우스 세베루스Septimius Severus, 193-211년 재위의 박해 시기인 203년에 북아프리카 카르타고에서 순교한 두 여성입니다. 이들은 세례 준비과정에 있다가 체포되어 옥중 세례를 받게 됩니다. 부유한 집안 출신의 딸인 페르페투아는 21세였습니다. 펠리시타스는 임신하여 해산을 앞둔 노예 신분의 여성이었습니다. 함께 투옥된 노예와 하층민에 속한 다른 세례 준비자들도 있었습니다.

그리고 우리가 기억해야 할 또 한 사람은 사투루스Saturus입니다. 투옥된 이들의 세례 교육을 담당하던 사람입니다. 사실 그는 잡히지 않았었습니다. 그럼에도 불구하고 그는 자신의 세례 후보자들과 함께하기 위해 자진하여 투옥을 선택합니다. 결국 그는 감옥에서 자신의 세례 후보자들의 교육을 마치고 그들에게 세례를 베풂으로써 자신의 사명을 다합니다. 그리고 그는 원형경기장에서 가장 먼저 죽임을 당했습니다.

당시 임신한 여인은 원형경기장에서 죽이지 않는 관습이 있었다고 합니다. 그래서 펠리시타스는 감옥에서 출산을 했습니다. 출산 후 이틀이 지나자 그들도 원형경기장으로 불려 나왔습니다. 페르페투아와 펠리시타스, 이 두 여인이 제일 먼저 불려 나왔습니다. 두 여인은 황소에 들이받힌 후 기절을 하였습니다. 페르페투아가 먼저 정신을 차리고 일어나 펠리시타스에게 다가갑니다. 그리고 그녀를 일으켜 세웠습니다. 이렇게 귀족과 노예가 나란히 함께 섬으로써 그리스도 안에서 모든 사람이 동등하다는 기독교 신앙을 가시적으로 보여 주었습니다.

로마 사회는 철저한 수직적 사회였습니다. 그 사회적 수직성을 잘 드러내는 것이 수직성을 살려 지어진 건축물인 원형경기장이었고, 여기에 모인 로마제국의 사람들에게 나란히 선 두 여인의 모습은 낯설고도 놀라운 광경이었습니다. 관중들은 죽음을 앞둔 그리스도인들이 귀족과 노예, 여자와 남자, 노예와 자유인, 빈자와 부자의 경계를 허물고 서로 입을 맞춤으로써 너무나 평안하게 자신들의 죽음을 준비하는 모습을 전율에 휩싸인 채 목도했습니다. 성도의 거룩한 입맞춤은 사회적 신분과 모든 구분을 초월하는 것이었습니다.

어찌 귀족과 노예가 더불어 나란히 설 수 있단 말인가?
어떻게 주인과 종이 서로 입을 맞출 수 있단 말인가?

원형경기장 한가운데 나란히 선 그들이 보여준 것은 무엇이었습니까? 그리스도 안에서 모든 사람들이 평등하다는 것이었습니다. 그리스도 안에서 모든 사람들의 가치가 존엄하다는 복음을 제국의 게임의 법칙에 사로잡혀 열광하는 사람들 앞에서 재연했던 것입니다. 이 거룩한 입맞춤은 초기 교회가 예배에서 습관적으로 해 오던 일이었습니다 롬16:16; 고전16:20; 고후13:11; 살전5:26 등. 그들은 이 사랑의 입맞춤으로 하늘의 평강을 보여 주었던 겁니다벧전5:14. 그들은 죽음의 자리에서 사회적 장벽을 초월하는 기독교를, 그리고 복음의 능력을 로마제국 앞에 당당하게 보여 주었습니다.

앨런 크라이더Alan Kreider는 『초기교회와 인내의 발효』에서 "그들이 세상을 향해 보여준 이런 행동양식이 기독교가 가진 매력이었고, 사람들로 하여금 기독교로 개종하게 하는 중요한 요인이 되었다."[1]라고 말합니다.

심지어 역사가 에버렛 퍼거슨Everett Ferguson은 "모든 공적 처형은 교회를 위한 크고 종종 성공적인 홍보의 기회였다."라고 말합니다. 그들은 죽음을 통해서 기독교가 무엇인지를 세상 앞에 충격적으로 알려 주었다는 것입니다.

그런데 이상하고 놀라운 것은, 그 광경이 예수를 믿으면 저 사람들처럼 끌려나와 죽을 수 있다는 그 죽음의 현장을 목도한 로마의 시민들로 하여금 저항할 수 없도록 만들었다는 사실입니다. 그리고 초기 공동체의 이러한 반문화적 아비투스habitus는 그들을 기독교 복음으로 끌어당기는 요소가 되었습니다.[2]

얼마나 놀라운 일입니까!

우리는 이런 초기 교회의 모습을 보며 '왜?'라고 묻지 않을 수 없습니다. 히브리서 기자의 대답은 이렇습니다.

---

1. 앨런 크라이더, 『초기 교회와 인내의 발효』, 김광남 역(서울: IVP, 2022),
2. '아비투스'(habitus)는 라틴어에서 파생한 단어로서 프랑스 사회학자인 피에르 부르디외 (Pierre Bourdieu, 1930~2002)가 사회학적 용어로 처음 사용했다. 이 용어는 후천적인 배움을 통해서 무의식중에, 또는 위기의 순간에 반사적으로 반응하게 되는 행동 양식을 의미한다. 한 집단에 속한 구성원들에게 아비투스가 형성되면, 그것은 바깥 세계에 그들의 정체성을 표현하는 특징이 된다.

"그리스도를 위하여 받는 수모를 애굽의 모든 보화보다 더 큰 재물로 여겼으니 이는 상 주심을 바라봄이라" 히11:26

세상이 감당할 만한 교회를 넘어서

다른 시대를 살아가는 우리는 어떻습니까? 질문은 이것입니다.

과연 우리는 상 주심을 바라보는가?
우리는 하나님께서 상 주심에 대한 기대가 있기는 한 것인가?

우리는 모세의 이야기나 초기 교회 순교자들의 이야기를 들으면서 어떤 생각을 합니까? 혹, '이건 특별한 사람들의 이야기야.'라고 치부할 수도 있습니다. '저 정도까지는 아니지만 나도 나름대로 지킬 건 지키며 신앙생활하고 있는 중이야.'라며 자신의 신앙을 겸연쩍게라도 합리화할 수 있습니다. 이 정도 반응이면 옳은 것입니까? 우리 중 많은 이들은 이미 히브리서 11장의 말씀을 수없이 읽거나 들어서 알고 있습니다.

자, 그러면 묻겠습니다. 당신의 믿음도 그렇습니까? 당신의 믿음이 모세가 그리스도를 위하여 받는 수모를 애굽의 모든 보화보다 더 큰 재물이라고 여기게 했던 그 관점으로 당신을 인도합니까? 상 주심을 바라보는 믿음이 당신의 삶에서는 어떻게 다른 사람들이 알아볼 수 있는 가시적 방식으로 표현되는지 생각해 보십시오.

또 묻습니다. 당신에게 바로의 공주의 아들로 칭함을 받는 것과 애굽의 모든 보화는 무엇을 의미합니까? 혹, 이 세상이 성공이라고 여기는 모든 것들이 아닙니까? 좋은 직장, 남들이 부러워하는 가정을 이루는 일, 높은 연봉, 넓은 집, 멋진 차와 같은 것들 말입니다. 그렇게 이룬 삶을 누리면서 십일조를 잘 드리고 교회를 열심히 섬긴다면, 어떻습니까? 괜찮죠? 멋지죠? 인생 후배들에게 본보기가 될 만합니다. 이를 두고서 잘못되었다고 말할 사람은 없을 겁니다.

하지만, 만약 그런 삶을 살고 싶다면, 저는 여기에 한 가지 질문을 던지고 싶습니다.

그런 삶이 과연 세상이 감당하지 못할 삶입니까?

그런 삶을 비난하려는 게 아닙니다. 다만, 이것은 히브리서가 말하고 있는 바, 그리스도인들이 따라야 할 삶의 모범이 아니라는 것입니다.

왜 그럴까요? 이런 불평을 할지도 모르겠습니다. '이렇게 성실한 삶에 무슨 문제가 있다는 말인가?'라거나 '신앙생활을 잘하는 사람들에게 왜 시비를 거는 거야?'라고 말할 수도 있습니다. 만일 이런 불편한 마음을 느낀다면, 그것은 제가 당신에게 시비를 걸어서가 아닙니다. 하나님께서 우리의 마음과 의식에 시비를 걸고 계시기 때문입니다.

이 논거에 정직하게 직면해 보십시오. 아무 문제가 없어 보이고 훌륭하게까지 보이는 이 삶에도 성경이 지적하는 치명적인 문제가 있기 때문입니다.

그러면, 그 문제는 무엇일까요? 이 훌륭한 삶에 무엇이 잘못되었다는 것입니까? 여러 가지를 말할 수 있습니다만, 결정적인 것 하나만 언급하겠습니다. 이런 삶은 천상의 관점으로 살아가는 것이 결코 아니기 때문입니다. 이런 삶은 지역 교회에 많은 기여를 할 수 있습니다. 많은 사람들의 칭찬과 박수도 받을 수 있습니다. 하지만 그 삶 자체는 근본적으로 개인주의라는 세상의 정신을 벗어날 수 없으며, 무엇보다 그것은 여전히 경쟁이라는 세상의 법칙을 따라 살아가는 방식의 삶이기 때문입니다.

왜 그렇습니까? 그 삶은 세상의 게임의 법칙에서 벗어나지 못한 하나님의 백성의 모습을 고스란히 드러내는 것이기 때문입니다. 이것이 우리가 사는 그라운드에서 하나님을 알지 못하는 사람들이 하는 게임의 법칙을 따라 그들과 동일한 게임을 하는 삶의 한계입니다.

물론 이렇게 생각할 수 있습니다. '내가 세상 속에서 열심히 일하며 살고, 또 주님을 신실하게 믿으며 성실하게 교회를 섬기는 것은 주님께서 하늘에서 주실 상을 바라보기 때문이다.' 맞습니다. 그것은 그 정도만큼 훌륭한 삶인 것은 분명합니다.

하지만, 우리는 그런 삶을 가리켜 히브리서 11장 38절이 말하는 '세상이 감당하지 못하는' 삶이라고 인정할 수는 없습니다. 세상은 그런 정도의 사람을 얼마든지 감당하니까요. 그는 세상의 법칙 아래서 오롯이 경쟁하며 열심히 살아가는 한 사람일 뿐입니다.

"이런 사람은 세상이 감당하지 못하느니라", 이 말씀을 히브리서 기자가 어떤 의미에서 했을지 생각해 보십시오. 그리고 히브리서 11장을 다시 한 번 자세히 읽어 보십시오. 여기에 등장하는 인물들은 믿음으로 살았고, 또 믿음으로 죽은 사람들입니다. 그들이 가졌던 믿음은 그들로 하여금 세상을 전과 같은 방식으로 살게 하지 않았습니다. 그들에게는 새로운 관점이 열렸습니다. 그것은 관념이나 근거 없는 희망이 아니었습니다. 그것은 믿음이었고 천상의 관점이었습니다.

그들은 인생을 새로운 눈으로 보기 시작했습니다. 죄로 말미암아 타락한 세상에서 사람들을 구속拘束하고 있는 세상의 게임의 법칙을 넘어서서 보는 눈이 열린 것입니다. 그것은 천상의 시각입니다. 히브리서 11장의 표현으로, 그것은 하나님께서 자기를 찾는 자들에게 상을 주신다는 믿음의 관점입니다.

이 믿음은 세상 사람들이 보지 못하는 것을 보게 하는 하나의 관점입니다. 그래서 이 믿음은 모세로 하여금 하나님의 백성과 함께 고난받기를 잠시 바로의 궁중에서 공주의 아들이라는 영예와 함께 죄악의 낙을 누리는 것보다 더 좋아하게 만들었습니다. 그리고 이 믿음은 그리스도를 위하여 받는 수모를 애굽의 모든 보화보다 더 큰 재물로 여기도록 모세의 관점을 바꿔냈습니다.

모세는 자기가 믿음의 눈으로 본 대로 살았습니다. 믿음의 관점으로 계산한 결과를 따라 살며 행동한 것입니다. 믿음으로 모세는 눈에 보이는 애굽 왕 바로의 노함보다 보이지 아니하시는 하나님을 더 두려워했습니다히11:27.

그렇습니다. 모세는 세상의 게임의 법칙을 따라 살기를 단호하게 거부했습니다. 그 법칙을 넘어서 다른 게임을 하며 살기로 결단했던 것입니다. 무엇이 그를 그렇게 만들었습니까? 히브리서 기자는 그것이 '믿음'이라고 단언합니다. 그것은 어떤 특별한 사람들만이 가질 수 있는 특별한 믿음이 아닙니다. 베드로 사도가 말씀한 대로, 그것은 모든 신자가 동일하게 받은 보배로운 믿음이었습니다벤후1:1.

이것이 성경이 가르치는 믿음입니다. 이제, 우리가 우리 자신을, 그리고 우리가 살아온 삶을 정당화하려는 방패를 내려놓읍시다. 그리고 성경을 정직하게 읽어 봅시다. 열심히 살면서 교회를 잘 섬기는 분들을 폄하하거나 불편하게 하려는 의도는 추호도 없습니다. 단지, 이런 질문을 우리 자신을 향해서 던져 보자는 것입니다.

지금, 나는 주님의 뜻에 맞게 잘 살고 있는 것인가?
나의 믿음은 성경이 가르치는 바로 그 믿음인가?
나는 그 믿음을 따라서 살고 있는 게 맞는가?

좋은 질문은 좋은 대답을 얻게 합니다. 여전히 의문을 갖고서 이런 물음을 던질지도 모르겠습니다.

누구나 세상에서 열심히 살면서 어느 정도 성공을 이루거나 경제적으로나 사회적으로 어느 정도 여유를 가지고 살아가고자 합니다. 그런 신앙인들이 교회를 이루고, 그 교회는 점점 더 성장하여 아름다운 건물을 가지려 합니다. 편안하고 좋은 시설을 갖춘 그 교회당에서 우리의 자녀 세대들이 예배드리고 신앙을 배우며 신앙을 이어가기를 원합니다. 여기에 무슨 문제가 있습니까? 솔직히 말해서, 우리 모두가 이렇게 되기를 바라고 있지 않습니까?

되묻습니다. 이것조차 세상의 게임의 법칙을 따라 살아가는 모습이 아니라고 말할 수 있겠습니까? 그래서 모든 교회들 간에도 커지기를 원하는 경쟁이 있는 것이 아닙니까? 그 결과로, 교회 간에 승자와 패자가 갈리는 현상이 나타나고 있는 것이 아닙니까?

한번 보십시오. 세상의 게임의 법칙에 따라 극소수의 대형 교회들만이 승자의 길을 걷고, 대다수의 소형 교회들은 패자로 취급됩니다. 실상, 부익부 빈익빈 현상이 지역 교회들 간에도 두드러지게 나타나고 있습니다. 이게 오늘날 기독교의 현실입니다. 그렇다면 이런 교회 현상이 세상의 기업들과 다를 것이 무엇입니까?

이런 교회들은 그 모든 훌륭함에도 불구하고, 세상이 거저 감당할 만한 교회들입니다. 이런 모습은 성도 개인들의 삶에서도 별반 다르지 않습니다. 히브리서 11장에 기대어 분명히 말씀드립니다. 이런 의식과 행위로 사는 성도들 또한 세상이 감당할 만한 성도들일 뿐입니다.

앞서 살펴보았던 것처럼 1세기, 혹은 초기 교회들은 분명 달랐습니다. 그들의 믿음은 자신들로 하여금 세상의 게임의 법칙을 초월하여 천상의 관점으로 살게 만들었습니다.

과연, 우리 삶은 어떠합니까? 괜찮습니까? 우리의 삶에 하나님의 백성과 함께 받는 고난이 있습니까? 그리스도를 위하여 받는 수모는 어디에 있습니까? 우리의 믿음은 천상의 관점으로 가치판단과 계산을 하게 합니까? 그 판단과 계산에 따른 선택과 결단으로 우리를 인도하고 있습니까?

다시 말하지만, 히브리서 기자는 11장에서 대단한 영적 영웅들의 이야기를 하고 있는 게 아닙니다. 참된 믿음의 본질을 보여주려는 것입니다. 히브리서 기자는 이런 방식으로, 위험한 기독교를 떠나 좀 덜 고생하며 살 수 있는 유대교로 돌아가야겠다는 유혹을 느끼는 성도들을 가르치고 경계하고 격려하고자 했던 겁니다.

어떻습니까? 혹, 예수님을 믿더라도 좀 덜 고생하고 조금 더 편하게 살고 싶은 유혹이 오늘 우리 안에서도 동일하게 발견되지 않습니까? 이처럼 세상이 지향하는 것을 좇아 사는 그리스도인이라면, 세상은 얼마든지 감당할 수 있습니다. 그러나 생각해 보십시오. 주님의 말씀을 정직하게 보려고 한다면, '이건 아니지 않나?' 하는 질문을 던지게 되지 않습니까? 성경은 이렇게 말합니다.

믿음으로 산다는 것은 말이야, 세상이 감당할 수 없는 삶을 사는 것이란다. 너는 내가 너에게 줄 상을 바라보며 살고 있니? 그것을 기대하는 마음은 진심이니? 그렇다면 세상은 너를 결코 감당하지 못할 거야.

이것이 오늘을 사는 우리에게 주시는 하나님의 말씀입니다.

묵상과 나눔을 위한 물음

1. 당신 자신의 삶에 대해 질문을 던져 보십시오. 당신은 정말 믿음으로 살고 있는 것이 맞습니까? 히브리서를 통해서 하나님께서 말씀하시는 삶과 당신의 삶은 어떤 점에서 동일하고, 또 어떤 점에서 차이가 납니까?

2. 당신의 믿음은 당신으로 하여금 다른 관점으로 보고 가치 판단을 하게 만듭니까? 그 예를 생각해 보십시오. 그렇지 않다면, 당신의 믿음은 그저 세상의 게임의 법칙 한도에서만 작동하고 있는 것은 아닙니까?

3. 열심히 살고, 가족을 부양하고, 사회적 성취도 어느 정도 이루어가는 중에 주님을 섬기는 교회 생활도 모범적으로 하고 있다면, 그 삶은 괜찮은 삶이 아닙니까? 당신이 이런 삶을 꿈꾸고 있다면, 여기에 무엇이 문제입니까?

4. 저자는 믿음을 하나의 관점이라고 말합니다. 하나님의 백성과 함께 고난 받기를 잠시 바로의 궁중에서 공주의 아들이라 불리는 영예와 죄악의 낙을 누리는 것보다 더 좋아 보이게 하는 관점, 그리스도를 위하여 받는 수모를 애굽의 모든 보화보다 더 큰 재물로 보게 하는 관점이라고 말합니다. 당신의 삶에서 믿음이 이런 방식으로 보게 한 일을 생각해 보십시오.

5. 세상이 감당할 수 없는 사람으로 사는 것은 이 세상의 게임이 아닌 다른 게임을 하며, 이 세상의 게임의 법칙이 아닌 다른 게임의 법칙을 따라 살아가는 것을 의미합니다. 당신은 어떤 방식으로 그런 삶을 살아갈 수 있겠는지 생각해 보십시오.

4장

세상이 감당하지
못하는 사람들 2

그리스도인의 계산

믿음의 두 번째 본질_ 나그네로 사는 믿음

믿음의 세 번째 본질_ 고난 속에서 하나님을 의지하는 믿음

다른 삶을 살게 하옵소서!

—

이런 사람은 세상이 감당하지 못하느니라

_히브리서 11장 38a절

—

그리스도인의 계산

> 믿음으로 산다는 것은 말이야, 세상이 감당할 수 없는 삶을 사는
> 것이란다. 너는 내가 너에게 줄 상을 바라보며 살고 있니? 그것을
> 기대하는 마음이 진심이니? 그렇다면 세상이 너를 감당하지 못
> 할 거야.

이 말이 담고 있는 의미를 생각해 보십시오. 이 말은 당신의 마음에 깊은 울림을 일으킵니까? 우리는 앞 장에서 '세상이 감당하지 못하는 사람'이라는 주제를 살폈습니다. "이런 사람은 세상이 감당하지 못하느니라"히11:38a, 이 말씀은 믿음으로 사는 사람에 관한 이야기임을 확인했습니다.

우리는 앞에서 히브리서 기자가 강조하는 믿음의 세 가지 본질들 가운데 하나를 살펴보았습니다. 믿음의 첫 번째 본질은 모세의 삶에서 보듯이 '상 주심을 바라보는 믿음'이었습니다.

성경은 믿음을 가졌기에 이 세상의 질서와 구조 속에서 어느 누구보다 더 빨리 달려갈 수 있고, 더 높은 곳에 이를 수 있으며, 더 많은 것을 가질 수 있다는 그런 차원의 말씀을 하는 게 아닙니다. 이런 삶은 세상이 쉽사리 감당할 수 있는 삶입니다. 결코 성경이 말하는 믿음으로 사는 구별된 삶이 아닙니다.

우리는 세상이 감당하지 못하는 믿음은 대단한 사람들이 가지는 특별한 믿음이 아니라는 사실을 이미 살펴봤습니다. 그 믿음은 우리 모

두가 받은 동일한 보배로운 믿음입니다. 성경은 이 믿음은 하나님께서 상 주심을 바라보는 믿음이라고 설명합니다.

신자는 이 땅에서의 일과 노동과 수고의 대가를 지금 여기에서 다 받아 누리지 않습니다. 이 땅에서 우리의 수고에 대한 대가를 다 받고 모든 상을 다 받기를 기대하며 살지 않는다는 것입니다. 대신, 신자는 수고에 대한 대가를 제대로 받지 못하는 억울한 상황에서조차도 하나님께서 이 모든 것을 보고 계시며 알고 계심을 믿습니다. 그래서 조건을 탓하면서 게으르거나 나태한 삶을 선택하지 않습니다. 사람의 보는 눈앞에서만 성실한 척하며 살아가지도 않습니다. 신자는 모든 상황에서 주님이 보고 계신다는 의식을 가지고 살아갑니다.

이런 의식으로 사는 것은 무엇 때문입니까? 하나님께서 주실 상을 바라보기 때문입니다. 이런 사람은 세상이 감당하지 못한다고 성경은 말합니다.

세상의 게임의 법칙은 그저 자신이 인정받을 수 있는 만큼 열심히 일하고, 뒤에서는 무슨 짓을 해도 상관하지 않는 것입니다. 하나님께 대한 믿음이 없는 분들을 무시하려는 말이 아닙니다. 신자가 더 훌륭하다거나 탁월하다고 말하려는 것도 아닙니다. 그런 태도나 행동으로 말미암아 하나님께서 우리를 구원하신 게 아닙니다. 착각은 금물입니다.

구원은 우리의 행위로 말미암은 것이 아닙니다. 오직 은혜로 말미암아 믿음으로 주어졌습니다. 그러니 하등 자랑할 이유가 없습니다. 구원받은 우리는 학벌이나 재력이나 지위와 같은 세상의 가치들을 더 이상 자랑하는 사람들이 아닙니다. 오직 하나님께서 주시는 상만 기대하고 바라보고 살아갑니다. 이것이 믿음의 본질입니다.

생각해 보십시오. 이 믿음이 우리의 삶의 동기를 새롭게 만들어 줄까요? 삶의 이유와 태도를 바꾸어 내겠습니까? 그렇습니다. 능히 바꿉니다. 하나님께서 주시는 상을 바라보는 믿음은 우리의 동기를 바꾸어 다른 동기를 갖고 일상을 살게 합니다. 학교나 직장과 가정에서 수많은 평범한 사람들 중 하나로 살아갈지라도, 성직을 가지고 산다는 의식으로 살게 합니다. 왜 그렇습니까? 하나님께서 우리에게 주실 상이 있다는 것을 알고 믿기 때문입니다. 그 믿음 때문에 모세는 그리스도를 위하여 받는 수모를 애굽의 모든 보화보다 더 큰 재물로 여겼다고히 11:26, 히브리서는 말하는 것입니다.

우리가 때로는 주님으로 인하여 고생스러운 길을 걸어갈 수도 있습니다. 그러나 이것이 세상에서 다른 사람들이 누리는 온갖 보화보다 훨씬 더 가치 있는 삶이라고 믿고 살아가는 것입니다. 이것은 나름의 계산의 결과로 선택한 삶입니다. 무엇이 더 가치 있고 소중한 것인지 헤아린 결과입니다. 그러므로 믿는 우리는 비교할 수 없는 가치를 알고 믿었기에 선택한 삶의 이유와 태도를 가지고 살아가는 것입니다. 이것이 믿음의 본질입니다.

히브리서가 설명하는 믿음의 첫 번째 본질에 이어, 이제 믿음의 본질의 두 번째와 세 번째 내용을 살펴봅시다.

믿음의 두 번째 본질_

나그네로 사는 믿음

히브리서 11장이 말하는 세상이 감당하지 못하는 사람은 한마디로 믿음의 사람을 가리킵니다. 이들이 가진 믿음의 두 번째 본질은 '이 땅을 나그네로 살게 하는 믿음'입니다. 나그네로 산다는 것은 어떤 의미입니까? 13절을 보십시오.

> "이 사람들은 다 믿음을 따라 죽었으며 약속을 받지 못하였으되 그것들을 멀리서 보고 환영하며 또 땅에서는 외국인과 나그네임을 증언하였으니"히11:13

"외국인"은 말 그대로입니다. 주인이 아니라 손님이라는 말입니다. 극진한 환대를 받는 손님이라기보다는 낯선 장소와 낯선 문화, 낯선 언어의 불편을 감수하고 사는 외국인입니다. "나그네"는 임시 거류자라는 뜻입니다. 오늘날 단기 비자를 받고 일정 기간을 체류하는 외국인을 생각할 수도 있겠습니다. 당신은 외국인과 나그네로 살아본 경험이 있습니까?

저는 지금으로부터 약 30여 년 전인 1991년에 인도네시아로 가서 만 4년간 외국인으로 살았습니다. 당시 신학교 교수 비자는 1년 거주 단기 비자였기에 해마다 갱신을 해야만 했습니다. 갱신할 때마다 애를 먹어서 1년짜리 비자를 얻는 데 때로는 3개월의 시간이 걸리기도 했습니다. 비자를 기다리며 싱가폴 한인교회의 교육관 한편에 부속된 방에서 지냈던 적이 있습니다. 한 살과 두 살짜리 아이들을 데리고 피난살이를 한 기억이 생생합니다. 이것은 외국인 생활 중에서 겪은 거류민 생활이었습니다.

그리고 이후에는 미국에서 만 12년간 나그네로도 살아 보았습니다. 물리적 환경이야 인도네시아와 비교할 수 없을 만큼 좋았습니다. 하지만, 미국에서 외국인이자 소수 인종, 특별히 동양인으로 사는 것은 쉬운 일만은 아니었습니다. 물론 합법적 신분을 갖지 않은 '서류미비자'종종 '불법체류자'라고 불리는로 살아가는 분들이나 영주권을 얻기 위해 부당한 대우를 받으면서도 한마디 말도 못하고 살아가는 분들의 어려움은 이루 말할 수도 없습니다. 사람이 자기 나라, 자기 고향을 떠나서 산다는 것 자체가 쉬운 일이 아닙니다. 이런 객수客愁를 느끼며 항상 외로움을 익숙하게 경험하고 사는 사람이 나그네입니다.

하지만 한국 사람이 대한민국에서 사는 것은 아무 문제가 아닙니다. 비자 연장의 어려움, 외국인이기에 당할 수도 있는 각종 불이익 때문에 신경 쓸 일이 하나도 없습니다. 지금 우리나라에는 어디를 가든지 쉽게 만날 수 있을 만큼 외국인이 많습니다. 소수의 주재원은 물론이거니와 원어민 교사, 유학생, 노동자, 심지어 정치적 난민들도 있습니다. 이들이 바로 외국인이며 나그네입니다.

히브리서 11장 13절에서, "이 사람들은…땅에서는 외국인과 나그네임을 증언하였으니"라고 한 말씀은 아브라함과 사라, 그리고 이삭과 야곱에게 해당됩니다. 이들은 어떻게 살았습니까? 9절입니다.

"믿음으로 그가 이방의 땅에 있는 것 같이 약속의 땅에 거류하여 동일한 약속을 유업으로 함께 받은 이삭 및 야곱과 더불어 장막에 거하였으니"히11:9

여기서 "거류하여"라는 말은 '더부살이를 하다'라는 뉘앙스를 가집니다. 아마 히브리서 기자는 이 말씀을 쓸 때, 아브라함이 아내 사라가 죽고 매장지를 마련하기 위해서 헷 족속과 협상하던 일을 기억했을 것입니다. 창세기 23장 4절입니다.

"나는 당신들 중에 나그네요 거류하는 자이니 당신들 중에서 내게 매장할 소유지를 주어 내가 나의 죽은 자를 내 앞에서 내어다가 장사하게 하시오"창23:4

아브라함은 헷 사람들 앞에서 자신을 "나그네요 거류하는 자"라고 소개합니다. 그리고 결국 그들로부터 아내의 매장지로 막벨라 굴을 매입하게 됩니다.

또, 아브라함이 "이삭 및 야곱과 더불어 장막에 거하였으니"라는 9절 말씀을 주목해 보십시오. 이 표현은 외국인과 나그네로서 갖는 아브라함의 정체성을 보여 줍니다. 이 말씀의 의미는 무엇입니까? 어쩌다 보니 아브라함 일가가 가나안에서 벌인 사업에 실패를 하게 되어 정착을 하지 못했다는 의미가 아닙니다.

윌리엄 레인William Lane은 이렇게 설명합니다.

"(그들이 장막에 거하였다는 것은) 그들이 하나님의 임재가 없는 문화 속에서 영구적인 정착을 이루는 것을 거부했다는 것을 암시한다."[1]

이 말이 이해가 됩니까?

가나안은 하나님께서 주시겠다고 약속하신 땅이었습니다. 아브라함은 그것을 알았음에도 불구하고 왜 이렇듯 불편을 감수하면서 장막에 거하였을까요? 9절의 시작에 그 답이 있습니다. 무엇입니까? '믿음으로!' 그렇습니다. 믿음으로 아브라함은 그렇게 살기로 선택했고 결정했습니다. 믿음으로 아브라함은 세상의 게임의 법칙으로 살기를 거부했던 것입니다.

바울 사도는 고린도후서에서 육신 안에서 살아가는 그리스도인의 인생을 '장막 집'에 거하는 것으로 표현했습니다. 그리고 "하늘에 있는 영원한 집이 우리에게 있는 줄 아느니라"고후5:1라고 말했습니다. 신자가 이 땅에서 살아가는 것은 '하늘에 있는 영원한 집'에 가기 전에 잠시 사는 것이라는 의미입니다. 임시 거처에 사는 것입니다. 그렇습니다. 믿음의 사람들은 하늘에 있는 영원한 집을 바라고 사는 사람들입니다.

히브리서 기자는 아브라함이 "하나님이 계획하시고 지으실 터가 있는 성을 바랐"히11:10다고 설명합니다. 이 설명이 놀랍지 않습니까?

---

1. 윌리엄 L. 레인, 『히브리서 9-13』, 채천석 역, WBC 47하(서울: 솔로몬, 2007), 275.

아브라함은 하나님이 주시겠다고 약속한 땅이 가나안 땅이라는 것을 너무나 잘 알지 않았습니까? 하지만 그는 그 가나안 땅이 하나님이 주실 영원한 기업의 그림자일 뿐이라는 사실도 알았습니다. 그래서 아브라함은 "하나님이 계획하시고 지으실 터가 있는 성"을 바라보며 기대했습니다.

아브라함이 기대했던 그 성은 어떤 성입니까? 히브리서 기자는 그 성을 "흔들리지 않는 나라"라고 표현했습니다. 12장 28절을 보십시오.

> "그러므로 우리가 흔들리지 않는 나라를 받았은즉 은혜를 받자 이로 말미암아 경건함과 두려움으로 하나님을 기쁘시게 섬길지니 또는 감사하자"히12:28

이 "흔들리지 않는 나라"는 요한 사도가 환상 중에 보았던 "거룩한 성 새 예루살렘"계21:2입니다. 세상의 모든 제국과 나라들은 다 흔들리고 망하는 것뿐입니다. 한 시대를 호령했던 역사의 제국들은 남김없이 다 망했습니다. 역사 속에 그 흔적만 남겨 놓았을 뿐입니다. 그런 까닭에 흔들리지 않는 나라, 곧 하나님께서 계획하시고 지으실 터가 있는 성을 바라보는 믿음은 아브라함으로 하여금 기꺼이 이 땅에서 외국인과 나그네의 정체성을 가지고 장막에 거하며 살아가게 했습니다.

히브리서 11장 14절 말씀도 이를 부연합니다.

> "그들이 이같이 말하는 것은 자기들이 본향 찾는 자임을 나타냄

이라"히|11:14

아브라함은 "나는 이 땅에서 외국인과 나그네로 산다."라고 고백하고 인정했습니다. 이렇게 함으로써, 그는 나그네의 정체성, 즉 자기가 찾고 기다리는, 그리고 가야 할 본향이 있다는 것을 세상에 증거한 것입니다. 그가 바란 것은 더 나은 본향, 곧 하늘에 있는 성이었습니다히|11:16.

아브라함은 말로만 자신의 정체성을 드러낸 것이 아니었습니다. 그는 외국인과 나그네로서 장막에 사는 삶의 방식을 선택함으로써 이 땅에서 나그네와 순례자의 정체성을 보여 주며 살았습니다. 이것이 아브라함의 믿음과, 나아가 사라와 이삭, 야곱의 믿음을 통해서 히브리서 기자가 보여주고 증언하는 믿음의 본질입니다. 이 믿음은 신자로 하여금 이 땅에서 외국인과 나그네로 살게 합니다. 알다시피, 외국인과 나그네의 삶은 불편을 전제함에도 불구하고 말입니다.

사실 우리 중 아무도 불편하게 살기를 원하지 않습니다. 한국인으로서 대한민국에서 살아가는 사람들은 자신들이 외국인이나 나그네가 아닌 이 땅의 주인이라고 생각합니다. 대한민국 헌법 제1장 제1조를 보십시오. 1항에서는 "대한민국은 민주공화국이다."라고 명시하고, 2항에서는 "대한민국의 주권은 국민에게 있고, 모든 권력은 국민으로부터 나온다."라고 천명하지 않습니까? 신자도 대한민국 국민일까요? 맞습니다.

하지만, 바울 사도는 이렇게 말씀합니다.

"그러나 우리의 시민권은 하늘에 있는지라 거기로부터 구원하는 자 곧 주 예수 그리스도를 기다리노니"빌3:20

어떻습니까? 당신은 성령으로 거듭났고 예수 그리스도를 믿습니까? 그렇다면, 우리의 우선적일 뿐 아니라 영구적인 시민권은 하늘에 있다는 사실을 언제나 기억해야 합니다. 이 땅 대한민국에서 잠시 외국인과 나그네로 사는 것일 뿐입니다. 이 점은 한국인으로서 외국에서 살아가고 있는 모든 신자들에게도 다르지 않습니다. 이 세상에서 살아가는 신자라면 어떤 상황에서도 자신의 나그네 정체성을 결코 잊어서는 안 됩니다.

요한계시록은 성도들이 살아가는 세상을 '큰 음녀'와 '큰 성 바벨론'으로 묘사합니다. 성경은 큰 음녀요 큰 성 바벨론인 세상에 순응하면서 슬기롭게 사는 법을 가르치지 않습니다. 바벨론은 하나님의 임재가 없는 문화를 넘어 하나님을 대적하는 문화를 상징합니다. 그것은 하나님의 백성을 억압하는 세상이고, 온갖 것으로 믿음을 타협하고 저버리도록 성도들을 유혹하는 허영의 시장Vanity Fair[2]입니다.

그래서 윌리엄 레인의 말대로, 아브라함은 믿음으로 하나님의 임재가 없는 사회에 영구적으로 정착하기를 거부했던 것입니다. 토머스 슈라이너Thomas R. Schreiner는 이렇게 말합니다.

---

2. 존 번연은 『천로역정』에서 순례자가 지나가는 세상의 특징을 '허영의 시장'(Vanity Fair)이라고 묘사했다.

하나님의 백성들은 항상 주류가 아닌, 소수의 사람들, 이방인, 그리고 자주 멸시와 천대를 받는 사람들이었다. …히브리서가 쓰여지던 당시에 히브리서의 독자들은 사회의 주류를 구성하는 사람들이 아니었다. 욕을 먹고 차별을 당했다. 그보다 더한 고난이 이어졌을 수도 있다. (그들도) 소유가 주는 안정감과 편안함을 누리고 싶었다. 그러나 히브리서 기자는 하나님께서 그들을 건지시고 하늘 도성으로 데려가실 것을 믿는 가운데 하나님을 의지하라고 촉구한다.[3]

이 일은 결심과 각오로 되지 않습니다. 오직 믿음만이 이렇게 살게 만드는 힘이 있습니다. 하늘 본향을 바라보는 믿음이 이 땅을 나그네의 정체성으로 살게 합니다. 조금만 타협하고 순응하면 바벨론에서 성공하여 신앙생활과 교회생활을 잘하며 살 수 있다고 생각할 수 있습니다. 하지만 신자들은 믿음으로 이 땅에서 외국인과 나그네로 사는 사람이라고 성경은 분명하게 말씀합니다.

믿음의 사람들은 장막에 거하는 삶의 방식으로 이 땅에서 자신들의 나그네 정체성을 증언하였습니다. 하나님의 백성으로 오늘을 사는 우리도 마찬가지입니다. 우리의 삶의 방식이 우리의 정체성을 바깥 세상에 증거하고 보여 준다는 사실을 꼭 기억해야 합니다.

나그네로 사는 방식은 그리스도인에게 선택 사항이 결코 아닙니다. 나그네의 정체성과 삶은 복음과 믿음의 본질입니다.

---

3. 토머스 슈라이너, 『히브리서 주석』, 장호준 역(서울: 복 있는 사람, 2016), 540.

그러니 어떻게 해야 합니까? 우리는 자신의 삶의 방식을 세상이 볼 수 있게 해야 합니다. 이런 가시적 삶의 형태를 통해 우리의 나그네 정체성을 세상 앞에 증언해야 합니다. 이 사실을 고스란히 새깁시다. 그리고 잊지 맙시다.

믿음의 세 번째 본질_
고난 속에서 하나님을 의지하는 믿음

이제 세상이 감당할 수 없는 사람의 믿음의 세 번째 본질을 생각해봅시다. 그것은 '고난 중에도 하나님을 의지하는 믿음'입니다. 우리는 믿음의 이 요소를 모세의 부모인 아므람과 요게벳, 또는 모세 자신이나 라합에게서 찾아볼 수 있습니다.

하지만, 저는 히브리서 11장 32~40절에 기록된 바, 믿음으로 살았던 무명의 사람들을 주목하고 싶습니다.

히브리서 기자는 우리가 아는 구약 인물들의 이야기를 죽 열거합니다. 그리고는 이제, 독자들을 히브리서 11장의 절정으로 데리고 갑니다. 33~38절을 보십시오. 이 말씀을 읽으면서 가슴이 뛰거나 뜨거워지지 않는다면, 그것은 이상한 일입니다.

"33그들은 믿음으로 나라들을 이기기도 하며 의를 행하기도 하며 약속을 받기도 하며 사자들의 입을 막기도 하며 34불의 세력을 멸하기도 하며 칼날을 피하기도 하며 연약한 가운데서 강하게 되기도 하며 전쟁에 용감하게 되어 이방 사람들의 진을 물리치기도 하며 35여자들은 자기의 죽은 자들을 부활로 받아들이기도 하며 또 어떤 이들은 더 좋은 부활을 얻고자 하여 심한 고문을 받되 구차히 풀려나기를 원하지 아니하였으며 36또 어떤 이들은 조롱과 채찍질뿐 아니라 결박과 옥에 갇히는 시련도 받았으며 37돌로 치는 것과 톱으로 켜는 것과 시험과 칼로 죽임을 당하고 양과 염소의 가죽을 입고 유리하여 궁핍과 환난과 학대를 받았으니 38(이런 사람은 세상이 감당하지 못하느니라) 그들이 광야와 산과 동굴과 토굴에 유리하였느니라"히11:33~38

이 말씀을 읽을 때 여러분의 가슴에는 어떤 울림이 있었습니까? "사자들의 입을 막기도 하며"33절라는 표현에서 누군가가 떠오릅니까? 우리는 페르시아 제국에서 죽음을 불사하고 자신의 기도 시간과 방식을 타협하지 않고 사자굴로 기꺼이 들어갔던 다니엘을 생각하지 않을 수 없습니다다니엘 6장.

"불의 세력을 멸하기도 하며"34절라는 말씀에서는, 바벨론 제국의 절대 통치자 느부갓네살 앞에서 굴하지 않고 우상 숭배를 거부하다가 7배나 뜨겁게 한 풀무불에 들어갔던 다니엘의 세 친구가 생각납니다. 사드락과 메삭과 아벳느고입니다다니엘 3장.

"어떤 이들은 더 좋은 부활을 얻고자 하여 심한 고문을 받되 구차히 풀려나기를 원하지 아니하였으며"35절라는 말씀은 또 어떻습니까? 감금과 고문으로부터 풀려나 자유롭기 위해서 하나님과 등지는 배교를 거절했다는 말입니다. 그들은 좀 더 편하게 살기 위해서 복음을 타협하지 않았습니다.

사도들의 삶이 이러했습니다. 그리고 이것은 교회 역사 속 수많은 믿음의 선배들의 삶이기도 합니다. 히브리서 독자들에게는 어떠했을까요? 이것은 가족과 친구들의 이야기였고, 바로 자신들의 이야기였습니다.

이것이 다가 아닙니다. 계속 이어지는 말씀을 보십시오. "또 어떤 이들은 조롱과 채찍질뿐 아니라 결박과 옥에 갇히는 시련도 받았으며 돌로 치는 것과 톱으로 켜는 것과 시험과 칼로 죽임을 당하고 양과 염소의 가죽을 입고 유리하여 궁핍과 환난과 학대를 받았으니"36~37절. 유대 전승에 의하면, 톱으로 켜서 죽임을 당한 사람은 이사야 선지자였습니다.

믿음으로 살았던 사람들을 생각하며 그들의 이야기를 들려주던 히브리서 기자는 더 이상 참지 못하고 가슴으로부터 탄성을 터뜨립니다.

"이런 사람은 세상이 감당하지 못하느니라"히11:38

다시 토머스 슈라이너의 말입니다.

믿음은 위험에 처했을 때 하나님을 의지할 만한 분으로 여기는 것이다. 믿음은 위험을 감수하고 하나님께 자신을 맡긴다. 인정

을 받기 위해 사회나 문화를 바라보지 않는다.[4]

바울 사도는 "오직 하나님의 능력을 따라 복음과 함께 고난을 받으라"딤후1:8b라고 말씀합니다. 이것은 1세기 에베소 교회를 목회하던 젊은 사역자 디모데에게만 해당하는 게 아닙니다. 이것은 성경 전체의 가르침입니다.

믿음은 이런 것입니다. 하나님께서 약속하신 장래의 상을 바라보며 이 땅에서 나그네로 살아가면서 고난 중에 하나님을 바라고 의지하는 것, 이것이 히브리서가 가르치는 믿음의 본질입니다. 이처럼 고난 속에서도 두려워하지 않고 믿음으로 하나님을 의지하는 사람들은 세상이 감당하지 못합니다.

다른 삶을 살게 하옵소서!

저는 지금 극단적이거나 상상 속의 이야기를 하는 게 아닙니다. 성경이 말씀하고 가르치는 것을 그대로 말했습니다. 어쩌면 이것은 지극히 정상적이고 현실적인 이야기입니다. 믿음으로 살았던 사람들 중 일신의 영달과 성공을 위해 산 사람은 없습니다. 그런 것은 예수님을 만난 사람들의 인생 목표가 될 수 없었습니다. 그들은 자신들의 성공을

---

4. 토머스 슈라이너, 같은 책, 539.

통해 하나님께 영광을 돌리겠다는 생각을 하지 않았습니다.

그들이 공통적으로 보여준 믿음의 요소는 이러했습니다. 그들은 오직 하나님이 주실 상을 기대했습니다. 그들은 이 땅에서 나그네의 정체성으로 살았습니다. 그리고 그들은 고난 중에도 믿음을 저버리지 않고 하나님을 의지하였습니다. 이것이 그들이 보여준 믿음의 본질입니다. 그리고 이 믿음은 비록 이 세상 속에서 살아가지만, 완전히 다른 삶을 살도록 이끌어 줍니다.

지금 우리나라에 많은 사람들이 힘들다며 아우성입니다. 몇 년째 지속되었던 코로나19 팬데믹은 우리를 더욱 고통스럽게 했습니다.

우리 사회의 모든 세대가 다 그렇겠지만, 특히 MZ세대라고도 불리는 청년세대가 많이 힘들다고 합니다. 또 'N포세대'라는 신조어는 청년세대가 가진 절망을 보여줍니다. 그들이 포기하는 항목은 한없이 많습니다. 연애와 결혼, 출산에서 시작해서 집과 경력을 넘어 취미와 희망, 그리고 인간관계에까지 점점 확대되어 왔습니다. 실상 삶 자체를 포기해야 하는 것입니다.

절망과 포기의 시대 속에서 우리는 이런 질문들을 정직하게 던지지 않을 수 없습니다.

이런 시대를 사는 기독청년들에게 복음은 과연 어떤 의미가 있는가? 또 우리 각자의 삶의 정황에서 복음은 어떤 의미를 가지는가? 이런 세상에서 살아가면서 하나님을 믿는다는 것은 무엇을 의미하는가?

좋은 질문은 좋은 답을 얻게 합니다. 이 물음의 맥락과 의도는 무엇일까요? 그래서 다른 방식으로 물어보겠습니다.

이런 절망스런 세상에서 그리스도인인 우리는 어떻게 하나님의 도우심을 입어 그분의 은혜로 좋은 대학에 진학하여 높은 성적을 받고, 졸업 후에는 안정적이고 연봉 높은 직장에 취업하며, 남부럽지 않은 멋진 결혼을 하고, 넓은 평수의 아파트에서 신혼을 시작할 수 있나요? 정말 어떻게요?

만일 마음에 품은 질문들이 이런 의미라면, 성경은 어떤 답도 줄 수 없습니다. 단호하게 말씀드립니다. 질문이 틀린 것입니다. 이런 질문은 이 세상의 게임의 법칙을 따라 슬기롭게 살면서 이 세상의 게임에서 승자가 되겠다는 생각을 넘어서지 않습니다. 복음은 우리에게 좋은 대학이나 원하는 성적, 꿈의 직장이나 부유한 가정을 선물로 약속하지 않습니다. 성경 어느 곳에서도 이런 약속을 찾을 수 없습니다.

복음은 다른 것을 약속합니다. 세상에서의 성공과 승리로 획득하는 것들과는 비교할 수 없는 것을 복음은 약속합니다. 그것은 영원히 흔들리지 않는 나라입니다. 믿음의 사람은 인생 현실을 천상의 시각으로 바라보면서 세상이 알지 못하는 다른 게임을 하며 살아갑니다. 우리가 이렇게 살아갈 수 있는 것은 하나님께서 자기를 찾는 자들에게 상 주시는 분이라고 약속하시기 때문입니다. 이것을 믿는 믿음이 우리에게 있기에 천상의 시각으로 다른 게임을 하며 살아갈 수 있습니다.

그리고 이 믿음이 있기에, 우리는 이 세상에서 나그네의 정체성을 가지고 살아갑니다. 나그네의 삶의 방식으로 현실을 살아감으로써, 우리는 하늘의 본향을 찾고 기다리는 나그네임을 세상 앞에 증거합니다. 이 믿음 때문에 가능한 것입니다. 그래서 그리스도인은 이 세상에서 편안해지는 삶과 나그네 되는 삶 사이의 실존적 긴장 속에서 살아갑니다.

실제로 2세기에 익명으로 쓰인 문서인 「디오그네투스에게 보낸 편지」에는 이런 말이 있습니다.

그들(그리스도인들)은 저마다의 나라들에서 살지만 단지 거주 외국인(protokoi)으로서 그럴 뿐이다.[5]

그리고 제럴드 싯처Gerald L. Sittser는 초기 교회의 성도들을 이렇게 묘사합니다.

이들은 자기 나라에서 외국인으로 산다. 시민으로서 모든 것을 공유하고(감당하고), 외국인으로서 모든 것을 견딘다. 모든 외국 땅이 이들의 조국이지만, 모든 조국이 이들에게는 외국 땅이다.[6]

히브리서 기자는 말씀합니다. 하나님께서는 이 땅에서 나그네의 정체성으로 살면서 더 나은 본향을 사모한 사람들을 위하여 약속대로 한

5. 앨런 크라이더, 같은 책, 171쪽에서 재인용.
6. 제럴드 L. 싯처, 『회복력 있는 신앙』, 이지혜 역(서울: 성서유니온, 2020), 34.

성을 예비하셨다고 말입니다히11:16.

나그네의 정체성을 가지고 이 땅에서 장막에 거하는 삶은 어떻게 사는 것을 말합니까? 그것은 문자 그대로 우리가 지금 살고 있는 가옥의 형태나 크기로 쉽게 판단될 수 있는 삶이 아닙니다. 성경은 부 자체를 정죄하거나 가난을 칭송하지 않습니다. 문제는, 우리가 품은 삶의 목적이 무엇인가 하는 것입니다. 그것이 삶의 내용을 결정합니다. 그 목적이 말뿐이 아닌 진정한 목적이라면, 그것은 우리의 삶의 방식을 통해서 세상에 드러나게 될 것입니다.

기억하십시오. 삶의 방식은 정체성을 세상에 증거하는 설득력 있는 수단입니다. 우리는 다른 게임을 하는 삶을 살아감으로써 우리가 나그네이자 하나님을 의지하는 존재임을 오롯이 드러냅니다.

이제 우리가 고민하고 생각해야 할 것이 무엇인지 아셨습니까? 무엇을 하나님께 구해야 할지 아시겠습니까? 믿음의 본질에 대한 깨달음을 통해 우리 모두가 자신의 삶의 목적을 다시 한 번 점검할 수 있기를 바랍니다.

그리고 한 걸음 더 나아가기를 바랍니다. 그 목적을 따라 살아가기 위해서 어떻게 할 것인지 구체적으로 고민하고 생각해야 합니다. 그러면 하나님께 간구해야 하는 것이 무엇인지 알게 될 것입니다. 그리고 무엇보다, 알게 된 바로 그것을 구하십시오.

우리는 히브리서 11장 1절에서 말한 믿음의 본질을 늘 생각할 필요가 있습니다. 믿음은 바라는 것들의 실상이요, 보이지 않는 것들의 증거입니다. 혹, 눈에 보이는 세상만 보며 삽니까? 여전히 지금 당장 원하는 것을 주겠다는 세상의 달콤한 약속들에 좌우된 채 살고 있습니까?

다시 한 번 말씀드립니다. 그렇게 사는 것은 그리스도인의 진면목이 아닙니다. 그것은 세상의 게임의 법칙에 매인 삶일 뿐입니다.

기억하십시오. 믿음의 사람들은 다르게 삽니다. 믿는 자들은 세상이 보지 못하는 것을 천상의 시각으로 보는 사람들입니다. 우리는 하나님의 상을 기대하고 외국인과 나그네로 살면서 고난 중에도 하나님을 붙듭니다. 그런 까닭에, 일견 답 없어 보이는 인생이고 절망스런 현실일지라도 더 많이 사랑하며 인애를 베푸는 더 나은 삶을 살아갈 수 있습니다. 이것이 하나님께서 당신의 자녀에게 주신 다른 게임의 법칙입니다.

기억하고 기도합시다. 전능하고 자비하신 주님께 은혜를 구합시다. 우리 모두가 하나님의 게임의 법칙을 따라 살면서 온 생명을 다해 하나님을 사랑하고 이웃 사람들을 자기 자신처럼 더욱 사랑하는 삶을 살아가도록. 그리고 이런 삶이 가능하게 하는 온전한 믿음을 오늘을 사는 우리에게 더하여 주시기를 기도합시다.

묵상과 나눔을 위한 물음

1. 히브리서가 보여주는 믿음의 두 번째 본질은 자신을 이 땅에서 나그네와 외국인으로 보는 것이라고 저자는 말합니다. 만일 당신이 나그네와 외국인으로 자신의 정체성을 이해한다면, 이것은 21세기 대한민국의 현실에서 어떤 삶의 태도, 혹은 특징으로 나타나겠습니까?

2. 믿음의 세 번째 본질은 고난 속에서 하나님을 버리거나 떠나지 않고 도리어 더욱 하나님을 붙드는 것이라고 히브리서는 가르칩니다. 당신은 지난 삶에서 고난의 자리에 있었을 때, 어떤 태도를 자신 안에서 경험했는지 돌아보십시오. 믿음의 관점에서 당신의 그 태도를 설명해 보십시오.

3. 윌리엄 레인은 "그들이 (장막에 거했다는 것은) 하나님의 임재가 없는 문화 속에서 영구적인 정착을 이루는 것을 거부했다는 것을 의미한다."라고 말했습니다. 오늘날 21세기의 한국 사회에서 우리는 어떤 방식으로 하나님의 임재가 없는 문화 속에서 영구적인 정착을 이루는 것을 거부할 수 있는지 생각해 보십시오.

4. 절망과 포기의 시대를 살아가는 젊은이들에게 복음은 어떤 의미가 있습니까? 그들에게 하나님을 믿는 믿음은 어떤 자세를 가지고 살아가도록 만듭니까?

믿음으로 살았던 사람들은

오직 하나님이 주실 상을 기대했습니다.

그들은 이 땅에서 나그네의 정체성으로 살았습니다.

그리고 그들은 고난 중에도

믿음을 저버리지 않고 하나님을 의지했습니다.

이것이 그들이 보여준 믿음의 본질입니다.

5장
내가 확신하노니

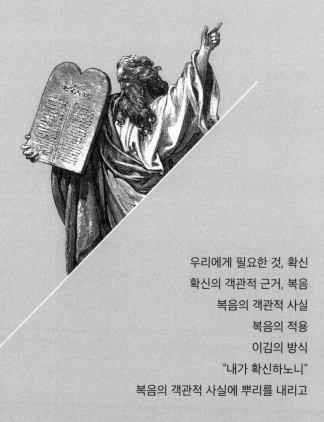

내가 확신하노니

_히브리서 11장 38a절

31그런즉 이 일에 대하여 우리가 무슨 말 하리요 만일 하나님이 우리를 위하시면 누가 우리를 대적하리요 32자기 아들을 아끼지 아니하시고 우리 모든 사람을 위하여 내주신 이가 어찌 그 아들과 함께 모든 것을 우리에게 주시지 아니하겠느냐 33누가 능히 하나님께서 택하신 자들을 고발하리요 의롭다 하신 이는 하나님이시니 34누가 정죄하리요 죽으실 뿐 아니라 다시 살아나신 이는 그리스도 예수시니 그는 하나님 우편에 계신 자요 우리를 위하여 간구하시는 자시니라 35누가 우리를 그리스도의 사랑에서 끊으리요 환난이나 곤고나 박해나 기근이나 적신이나 위험이나 칼이랴 36기록된 바 우리가 종일 주를 위하여 죽임을 당하게 되며 도살 당할 양 같이 여김을 받았나이다 함과 같으니라 37그러나 이 모든 일에 우리를 사랑하시는 이로 말미암아 우리가 넉넉히 이기느니라 38내가 확신하노니 사망이나 생명이나 천사들이나 권세자들이나 현재 일이나 장래 일이나 능력이나 39높음이나 깊음이나 다른 어떤 피조물이라도 우리를 우리 주 그리스도 예수 안에 있는 하나님의 사랑에서 끊을 수 없으리라

_로마서 8장 31~39절

우리는 '다른 게임을 하는 사람들'이라는 주제를 생각하며 그 근거를 살피는 중입니다. 네 차례에 걸쳐 살핀 내용들을 상기해 봅시다.

우리에게는 이 땅에 오셔서 게임체인저가 되셨던 주님을 따라 게임체인저로 살아가기 위해서는 현실을 다르게 보는 천상의 시각이 필요합니다. 그것은 다시 말해서, 믿음의 관점입니다. 우리는 믿음으로 하나님께서 주시는 상을 바라보고, 믿음으로 이 땅에서 나그네의 정체성을 가지고 살며, 믿음으로 고난 중에도 하나님을 의지하며 살아갈 수 있습니다. 이렇게 사는 사람들이 다른 게임을 하는 사람들이며, 히브리서 기자가 말하는 세상이 감당하지 못하는 사람들입니다.

이제 '다른 게임을 하는 사람들'이라는 큰 주제에서 다룰 마지막 소주제는 '확신'입니다.

우리에게 필요한 것, 확신

종교개혁자 칼뱅Jean Calvin의 말대로, 100% 순도의 믿음은 이 땅에 없습니다.[7] 이 땅에서 사는 신자들이 가지는 모든 믿음에는 의심이 섞여 있습니다. 그렇다고 해서 우리가 더 순전하고 견고한 믿음, 곧 확신

---

7. 칼뱅은 『기독교 강요』(3.2.17)에서 다음과 같이 말한다. "믿음이 확실하고 분명해야 한다고 우리가 가르치는 것은 사실이지만, 한 점도 의심이 없는 확실함이라든가, 근심 걱정에 의해서 조금도 공격을 당하지 않는 그런 확신은 상상할 수가 없다." 존 칼빈, 『기독교 강요(최종판) 중』, 원광연 역(고양: 크리스천다이제스트, 2003), 42.

에 이르기를 바라지 않아도 된다는 말은 아닙니다. 우리에게는 여전히 더 순전하고 견고한 믿음이 필요합니다. 바벨론과 같이 하나님을 대적하는 세상을 믿음으로 살아가려면, 우리에게는 확신이 필요합니다.

로마서 8장 31~39절은 확신의 찬송, 승리의 노래입니다. 이 본문은 '로마서의 에베레스트'이고, 성경이라는 히말라야 산맥에서 가장 높은 봉우리라고 불리는 본문입니다.[8]

로마서의 일차 독자인 1세기 중반의 로마 교회 성도들의 삶은 어떠했을까요? 날마다 믿음으로 인한 환난과 박해에 직면하며 살아야 하는 절박한 상황이었습니다. 물론 로마제국의 정치적 박해가 본격적으로 시작되기 전이었습니다. 그 박해는 주로 유대인들과 주변인들에 의한 사회적 박해였을 것으로 짐작합니다.

바울 사도는 이런 형편에 처한 로마 교회 성도들을 위로하려고 시편 44편 22절을 인용합니다.

"기록된 바 우리가 종일 주를 위하여 죽임을 당하게 되며 도살 당할 양 같이 여김을 받았나이다 함과 같으니라"롬8:36

삶이 어려움과 환난 가운데 처하고 그 시간이 길어지게 되면, 보통 믿음이 흔들리기 마련입니다. '하나님께서 나를 버리신 건 아닌가? 하나님께서 내 기도를 들으시기나 하는 건가? 아니면 응답을 하시지 않

---

8. 제임스 몽고메리 보이스, 『로마서 II: 은혜의 통치』, 김덕천 역(파주: 솔라피데, 2011), 627~628.

으시는 건가?' 하는 많은 생각들이 밀려옵니다. 환난의 상황에서만 그런 것은 아닙니다. 일상의 삶에서 일이나 공부의 버거움과 스트레스 쌓이는 상황 속에서도 때로는 이런 경험을 할 수 있습니다. 이기적인 사람들 사이에 둘러싸여 살아가다 보면 이런저런 복잡하고 불안한 생각들이 떠오르기도 합니다. 그러다 보면, 우리는 믿음의 최소한의 적용만으로 살아 보려는 유혹을 받습니다.

박사과정에 있는 한 청년이 제게 이런 내용의 이메일을 써서 보낸 적이 있습니다.

일도 너무 많고, 이기적인 동료들도 있고, 스트레스를 너무 받아서 말씀대로 살기를 포기하고 싶을 때가 많아요. 그냥 제가 손해만 안 보게 선을 긋고 불합리한 건 까칠하게 쏘아붙이고 마음을 닫고 싶다는 충동이 들어요.

우리가 충분히 공감할 수 있는 고백이 아닙니까? 그러나 이 형제는 여기서 글을 끝맺지 않았습니다.

물론 포기하지 않는다고 해서 대단하게 할 수 있는 건 없지만, 약속을 붙잡고 마음이라도 말씀이 명령하는 대로 하고 싶어요. 알파와 오메가이신 하나님께서 주권으로 지금까지 인도하셨고 모든 것을 다스리고 계시다면, 지금 고단한 몸으로 순종하는 일을 포기하지 않는 것도 할 수 있을 것 같았어요. 어렴풋이 이런 생각을 했는데, 확실한 약속에 뿌리를 두고 싶었어요.

이것이 신자인 우리의 삶의 현장입니다. 그리고 우리가 날마다 감당해야 하는 싸움입니다. 여기서 정말 필요한 것이 무엇일까요? '확신'입니다.

바울 사도는 38절에서 "내가 확신하노니"라고 말씀합니다. 자세히 읽으면, 이 본문 전체가 확신이라는 주제를 다루고 있음을 알 수 있습니다.

칼뱅은 31절을 주석하면서 이렇게 썼습니다.

이는 모든 시험에서 우리를 붙들어주는 중요하고 유일한 버팀목이다. 하나님이 우리를 잘 대해주지 않으시면 세상 모든 것이 우리에게 미소를 짓더라도 도무지 확신을 가질 엄두가 나지 않는다. 하지만 반면에 하나님이 호의를 보이시기만 하시면 그 어떤 슬픈 일이 찾아 들더라도 넉넉히 큰 위로를 받으며 불행이 제 아무리 휘몰아치더라도 넉넉히 막아 낼 수가 있다.[9]

세상 사람 모두가 나를 등진다고 해도 전능한 주권자이신 하나님께서 내편이시라는 확신만 있다면, 무엇을 견디지 못하겠습니까? 포기할 이유가 어디에 있겠습니까?

오늘 본문 전체를 보십시오. 이 위대한 말씀의 요지는 무엇입니까? 그리스도 안에 보장된 하나님의 사랑에서 우리를 끊을 수 있는 것은

---

9. Calvin, J., & Owen, J. *Commentary on the Epistle of Paul the Apostle to the Romans* (2010). pp. 321-322. Logos Bible Software.

아무것도 없다고 바울 사도는 선언합니다. 이것을 로마의 성도들과 오는 세대의 모든 성도들에게 확신케 하려는 것이 바울 사도의 의도이고, 바울 사도에게 영감을 주셔서 이 말씀을 쓰게 하신 성령님의 의도입니다. 이 하나님의 말씀이 본래의 의도대로 지금 우리 모두에게 그 일을 할 수 있기를 구합니다.

확신의 객관적 근거, 복음

우리 시대 기독교의 문제들 가운데 하나는 신앙이 지나치게 주관적이라는 것입니다. 자기가 믿고 싶은 대로 하나님을 믿습니다. 성경이라는 객관적 계시에 기초하여 하나님을 알고 믿으려고 하지 않습니다. 믿는다고 하는 어떤 사람들을 만나 이야기를 듣다 보면, '그가 믿는 하나님이 내가 믿는 하나님과 같은 분이 맞나?' 하는 생각마저 들 때도 있습니다. 기독교의 모든 주요 개념들에 대한 이해도 마찬가지입니다. 우리의 신앙이 하나님의 말씀인 성경에 기초하지 않을 때, 신앙은 개별화되고 주관적이 됩니다. 느끼는 것이 곧 신앙이 되는 것입니다.

신앙의 토대요 기초는 하나님의 말씀입니다. "너희는 사도들과 선지자들의 터 위에 세우심을 입은 자라"엡2:20라는 말씀은 교회가 말씀의 토대 위에 세워졌음을 강조합니다. "다 하나님의 아들을 믿는 것과 아는 일에 하나가 된"엡4:13 사람들이 교회입니다. 참된 교회는 하나님을 아는 참된 지식 위에 세워집니다. 아무리 강력한 체험을 가졌다고 해도 그 변화무쌍한 느낌 위에 신앙을 세울 수는 없습니다. 신앙은 결코 느낌적인 느낌이 아닙니다.

복음을 주관적으로 느끼고 받아들이는 것은 심각한 문제입니다. 기도와 말씀 가운데 잘 살고 있을 때에는 복음의 은혜를 누립니다. 하지만 그렇게 잘 살지 못하거나 넘어질 때에는 복음의 은혜를 누리지 못합니다. 우리는 자신이 주님을 얼마나 사랑하는지에 많은 관심이 있습니다. 반면, 주님께서 자신을 얼마나 사랑하시는지에 대해서는 마음을 잘 기울이지 않습니다.

복음은 자신이 개인적으로, 또 주관적으로 느끼고 경험하는 것이기 전에 하나의 객관적 사건이고 사실입니다. 복음은 하나님께서 그리스도 안에서 우리를 위해서 행하신 일입니다. 이 사실을 꼭 기억해야 합니다.

하나님께서는 구주 예수님을 믿는 모든 사람들의 모든 죄를 구주 예수님께 전가하셨습니다. 그 죄에 대하여 율법이 정한 심판을 구주 예수님께 남김없이 행하셨습니다. 그것이 예수 그리스도의 십자가 죽으심에서 일어난 일입니다. 하나님께서는 나에게 쏟아부으셔야 할 모든 진노와 율법의 저주와 형벌을 남김없이 십자가에 달리신 구주 예수님께 쏟아부으셨습니다. 이 일은 역사 속에서 일어난 사건이고 사실입니다. 그러하기에 복음은 역사적이고 객관적입니다.

이 일이 지구상의 모든 사람에게 일어난 것은 아닙니다. 오직 주 예수 그리스도를 믿는 자들에게만 일어난 사건입니다. 바울 사도는 로마 교회 성도들에게 이 복음의 확신을 심어 주기를 간절히 원했습니다.

그렇다고 해서 그는 '복음을 느끼라'거나 '하나님께서 너희를 사랑하신다'라는 식으로 단순하게 말하고 있지 않습니다. 이런 방식이나 이런 말로는 확신에 이를 수 없다는 것을 너무나 잘 알았기 때문입니다.

그래서 바울 사도는 어떻게 했습니까? 바울 사도는 복음의 객관성에서 출발합니다. 감정적 차원에서 의심의 문제를 다루는 대신, 확실한 복음의 객관적 사실로부터 출발한 것입니다. 그것을 신앙의 주춧돌로 삼은 것이지요.

복음의 객관적 사실

1세기 성도들이 살던 사회적 환경은 꽤나 교회와 그리스도인들에 대하여 적대적이었습니다. 지금 한국교회의 주변 현실도 비슷하지 않습니까? 언제나 하나님을 대적하는 사람들이 있습니다.

주님께서는 제자들과의 마지막 만찬 자리에서 이렇게 말씀하셨습니다.

"18세상이 너희를 미워하면 너희보다 먼저 나를 미워한 줄을 알라 19너희가 세상에 속하였으면 세상이 자기의 것을 사랑할 것이나 너희는 세상에 속한 자가 아니요 도리어 내가 너희를 세상에서 택하였기 때문에 세상이 너희를 미워하느니라"요15:18~19

주님의 이 말씀에 의하면, 로마서 8장 31절은 모든 시대 모든 성도들에게 유효한 말씀입니다. 지금으로부터 3천 년 전에 다윗은 이렇게 고백했습니다.

"천만인이 나를 에워싸 진 친다 하여도 나는 두려워하지 아니하리이다"시3:6

얼마나 용기 있는 믿음이고 고백입니까! 그가 두려워하지 않는 이유는 5절에 있습니다.

"여호와께서 나를 붙드심이로다"시3:5b

오늘 우리가 읽은 본문의 31절이 정확히 같은 것을 말씀합니다.

"만일 하나님이 우리를 위하시면 누가 우리를 대적하리요"롬8:31b

대적하는 자들은 언제나 존재합니다. 하지만 그것이 나에게 어떤 영향이나 효력도 미칠 수 없다고 바울 사도는 말합니다. 그리고 바울 사도는 여기서 더 나아갑니다.

"자기 아들을 아끼지 아니하시고 우리 모든 사람을 위하여 내주신 이가 어찌 그 아들과 함께 모든 것을 우리에게 주시지 아니하

겠느냐"롬8:32

바울 사도의 논리가 이해되십니까? 이제 그가 하려는 모든 말은 바로 이 구절을 중심으로 이해할 수 있습니다. 그는 지금 복음을 말하고 있습니다. 복음은 '하나님께서 자기 아들을 아끼지 아니하시고 우리 모든 사람을 위하여 내주신 일'입니다. 이것은 역사 속에서 일어난 일이고, 변개할 수 없는 사실입니다.

바울 사도의 모든 논리는 이 객관적 복음을 중심으로 전개됩니다. '자기 아들을 아끼지 않으신 하나님께서 우리를 위해서 아끼실 것은 전혀, 그리고 결코 없다.' 바로 이것이 그가 복음을 우리의 상황에 적용하는 방식입니다.

이제 33~34절을 보십시오. 바울 사도는 마귀와 세상이 하는 일, 즉 고발과 정죄의 문제를 다룹니다. 먼저 이렇게 묻습니다.

"누가 능히 하나님께서 택하신 자들을 고발하리요"롬8:33a

하나님과 나만 아는 죄를 마귀도 알고 있습니다. 그래서 마귀는 하나님 앞에 우리를 고발할 수 있습니다. 물론 마귀는 우리가 아는 죄를 가지고 고발하겠지만, 그의 못된 버릇은 언제나 작은 사실 하나를 침소봉대針小棒大하는 것이라는 사실도 놓치면 안 됩니다. 그래도 우리의 양심이 정상적으로 반응하게 되면 우리는 유구무언일 수밖에 없습니다. 하지만 그때에도 우리가 복음의 사실을 안다면, 우리는 이렇게 말할 수 있을 겁니다.

"의롭다 하신 이는 하나님이시니 누가 정죄하리요"롬8:33b~34a

그리고 다시 복음의 객관적 사실을 덧붙입니다.

"(우리를 위해서) 죽으실 뿐 아니라 다시 살아나신 이는 그리스
도 예수시니 그는 하나님 우편에 계신 자요 우리를 위하여 간구
하시는 자시니라"롬8:34b

이 복음은 우리가 느껴야 하는 것이기 전에 명백히 일어난 사실입
니다. 현재에도, 그리고 영원히 유효한 사실입니다. 성도의 확신의 근
거는 언제나 복음의 객관적 사실에 있음을 기억하십시오.

마르틴 루터Martin Luther는 마귀로 인해 자신에게 공포가 엄습하고
두려움이 닥쳐올 때마다 이렇게 소리쳤다고 합니다. "나는 주 예수께
로 세례를 받았다! 더 이상 나를 건드리지 마라!" 로마서 6장에서 말씀
한 대로, 그는 자신이 세례를 통해서 그리스도와 함께 죽고 그리스도
와 함께 산 자, 곧 그리스도와 연합한 자가 되었다고 선언한 것입니다.
복음과 같이, 세례는 자신이 그리스도와 연합한 존재라는 것을 부인할
수 없게 하는 객관적 사실인 것을 강조한 것입니다.

그렇습니다. 믿음의 사람인 우리는 의심의 시간에, 그리고 두려움
이 몰려올 때에 루터처럼 이렇게 말할 수 있고, 또 말해야 합니다.

"**32a**자기 아들을 아끼지 아니하시고 우리 모든 사람을 위하여 내

주신 이…**33b**의롭다 하신 이는 하나님이시니…**34b**죽으실 뿐 아

니라 다시 살아나신 이는 그리스도 예수시니 그는 하나님 우편에

계신 자요 우리를 위하여 간구하시는 자시니라"롬8:32~34

우리는 복음의 객관적 사실이 믿는 우리가 가져야 할 확신의 흔들

리지 않는 유일한 근거임을 되새기고 기억해야 합니다. 로마서 8장

32~34절 말씀을 굳게 붙들어야 할 이유가 여기에 있습니다.

복음의 적용

이제, 바울 사도는 그 복음을 적극적으로 적용합니다. 로마서 8장

35~39절은 그리스도의 사랑, 곧 우리 주 그리스도 예수 안에 있는 하

나님의 사랑에서 우리를 끊어낼 수 있는 것은 아무것도 없다는 선언입

니다. 얼마나 감격스럽고 가슴 벅찬 선언입니까! 이 본문은 적대적인

환경에 처했던 1세기 성도들이 굳게 붙들었던 말씀이었습니다.

마찬가지로, 오늘을 사는 우리도 그리스도의 사랑에서 우리를 끊어

낼 것만 같은 위기를 경험하며 살아갑니다. 35절을 보십시오.

"누가 우리를 그리스도의 사랑에서 끊으리요 환난이나 곤고나

박해나 기근이나 적신이나 위험이나 칼이랴"롬8:35

환난, 곤고, 박해, 기근, 적신벌거벗김을 당한 상태, 위험, 칼. 이 모두는 로마 교회의 성도들이 겪는 다양한 상황들을 묘사합니다. 바로 이어서, 바울 사도는 앞서 언급한 시편 44편 22절을 인용합니다. 도살당할 양처럼 종일 주를 위하여 죽임을 당하는 성도들의 삶을 표현한 것입니다. 이런 상황 속에 던져질 때, 그리스도의 사랑을 확신하기란 결코 쉬운 일이 아닙니다. 하지만 그 쉽지 않은 길을 걸었던 믿음의 사람들은 언제나 있었습니다.

헬렌 로즈비어Helen Roserveare, 1925~2016는 콩고에서 사역한 영국의 의료 선교사였습니다. 1964년 콩고에서 내전이 벌어졌을 때, 그녀는 철수하지 않고 병원을 지키다가 반군들에게 붙잡혀 5개월 동안 갖은 폭행과 성적 유린을 경험하게 됩니다. 이런 고통 속에서 보냈던 5개월 동안 그녀를 가장 괴롭혔던 것은, 다름 아닌 하나님께서 나를 버리신 게 아닌가 하는 의심이었습니다. 욥이 그랬듯이, 그녀도 그 5개월의 시간 동안 하나님께 묻고 또 물었습니다. 이런 환난의 상황은 우리의 확신을 흔들기에 충분합니다.[10]

엘리자베스 엘리엇Elisabeth Elliot, 1926~2015은 현대의 순교자인 짐 엘리엇Jim Elliot의 아내였습니다. 대학을 마친 후, 그녀는 남편과 함께 에콰도르 선교사로 가게 됩니다. 남편 짐 엘리엇과 네 명의 젊은 남자 선교사들은 당시 아무도 접근하지 못하던 아우카 족에게 복음을 전하려고 경비행기를 타고 출발을 했습니다. 그들 다섯 명은 20대 후반에서

---

10. 루스 터커, 『선교사 열전』, 오현미 역(서울: 크리스챤다이제스트, 1990), 333-341.

30대 초반의 젊은 선교사들이었습니다. 1956년 1월 초, 결국 그들은 창에 찔린 주검으로 수색대에게 발견됩니다. 선교사로 하나님을 섬기겠다고 남편과 함께 선교지에 온 젊은 여성들은 하루아침에 남편을 잃어버렸습니다. 그때 그녀들은 모두 무너지는 자신들의 믿음을 붙들기 위한 싸움을 힘겹게 시작해야 했습니다.[11]

한 사람을 더 소개하고 싶습니다.

호레이쇼 스패포드Horatio Spafford입니다. 변호사와 사업가였던 그는 하나님의 종 D. L. 무디Dwight Lyman Moody, 미국의 복음전도자의 신실한 후원자였습니다. 1871년 시카고 대화재 때, 그는 재산을 거의 잃었습니다. 2년 뒤, 가족들을 위로하기 위해 영국 여행 계획을 세웁니다. 자신은 업무를 마치고 다음 배로 따라가기로 하고, 아내와 네 딸을 먼저 영국으로 가는 여객선에 태웠습니다. 그 여객선은 대서양에서 다른 배와 충돌하여 침몰하게 되고, 여기서 스패포드는 자신의 사랑하는 네 딸을 모두 잃습니다. 욥을 생각나게 하는 고난입니다. 실의에 빠진 아내를 데려오기 위해 영국으로 가던 중, 침몰 해역을 지나던 그는 깊은 고통 속에서 하나님께 기도합니다. 그러던 중, 설명할 수 없는 마음의 평안함을 경험하기 시작합니다. 그는 그때 그 감동을 즉시 찬송시로 씁니다.

바로 이 찬송입니다.

---

11. 짐 엘리엇과 엘리자베스 엘리엇의 이야기는 엘리자베스 엘리엇이 쓴 『전능자의 그늘』 (서울: 복 있는 사람, 2002)과 『영광의 문』 (서울: 복 있는 사람, 2003)에서 볼 수 있다.

내 평생에 가는 길 순탄하여 늘 잔잔한 강 같든지

큰 풍파로 무섭고 어렵든지 나의 영혼은 늘 편하다

내 영혼 평안해 내 영혼 내 영혼 평안해찬송가 413장 1절

말할 수 없이 깊은 상실의 고난을 겪은 스패포드로 하여금 이런 평안을 누리게 했고, 또 이런 찬송시를 쓰게 한 것을 어떻게 설명할 수 있습니까? 그는 상상도 할 수 없는 상실의 아픔 속에서 어떻게 이런 찬송시를 쓸 수 있었을까요? 스패포드의 이야기는 우리에게 무엇을 말해 줍니까? 바울 사도가 말한 환난이나 곤고, 박해, 기근과 같은 비참한 상황이 우리의 믿음을 흔들 수는 있겠지만, 우리를 그리스도 안에 있는 하나님의 사랑에서 끊어낼 수 없다는 것을 증명해 주지 않습니까?

헬렌 로즈비어나 엘리자베스 엘리엇 역시 고난과 의심 속에서 주저앉지 않았습니다. 하나님께서는 무너지는 믿음을 붙들고 싸우는 그녀들을 붙들어 주셨고, 마침내 이기게 하셨습니다. 이런 맥락에서 37절은 헬렌 로즈비어나 엘리자베스 엘리엇, 그리고 호레이쇼 스패포드 이들 모두의 고백이기도 합니다.

"그러나 이 모든 일에 우리를 사랑하시는 이로 말미암아 우리가
넉넉히 이기느니라"롬8:37

이김의 방식

바울 사도는 그들이 간신히 이겼다고 말하지 않습니다. 비록 그 싸움이 치열했고 자신들의 믿음은 거의 미끄러질 뻔했으나, 그들 모두는 넉넉히 이겼습니다.

하지만 이 싸움의 성격을 정직하게 짚어 봅시다. 그들은 어떻게 이겼습니까? 갖은 폭행과 성적 유린을 당함으로써 이겼습니다. 창에 찔려 죽임을 당함으로써 이겼습니다. 처참하게 순교의 죽임을 당한 남편들의 죽음을 받아들임으로써 이겼습니다. 사랑하는 네 딸을 모두 바다에서 잃음으로써 이겼습니다. 그들은 간신히 이기지 않고 넉넉히 이겼습니다. 당신은 이 사실이 받아들여집니까?

요한계시록 12장 11절을 보십시오.

"또 우리 형제들이 어린 양의 피와 자기들이 증언하는 말씀으로써 그를 이겼으니 그들은 죽기까지 자기들의 생명을 아끼지 아니하였도다" 계12:11

이 말씀은 성도들의 이김의 방식, 즉 그들이 어떻게 싸워 이기는가를 보여줍니다. 그들은 어린 양의 피와 자기들이 증언하는 말씀으로써 사탄을 이깁니다.

그리고 그 뒤에 이어지는 말씀을 자세히 보십시오. "그들은 죽기까지 자기들의 생명을 아끼지 아니하였도다", 이 말씀이 중요합니다. 그들은 죽음 앞에서 생명을 구차하게 구걸하지 않고 죽임을 당함으로써 사탄을 이겼습니다. 죽음 앞에서 자신들의 신앙을 타협하거나 저버리지 않음으로써 그들은 원수를 이겼습니다. 이것이 신약성경이 가르치는 성도의 승리의 성격이고 방식입니다.

예수님께서는 하나님 나라 백성의 특징으로 '팔복'을 말씀하셨지요 마5:1~12. 이 말씀은 믿는 자들의 이김의 방식과 특징을 잘 보여줍니다.

이 세상에서 심령이 가난한 사람은 어떻게 됩니까? 무시를 당합니다. 애통하는 자는 사회부적응자로 낙인이 찍힐지도 모릅니다. 온유한 자는 어떻습니까? 짓눌림을 당하고 짓밟힐 뿐입니다. 의에 주리고 목이 마른 자는 이 세상에서 이상한 사람 취급을 당할 것입니다. 화평케 하는 자는 바보로 여겨질 것이고요.

그런 까닭에, 우리는 심령이 가난해도 적당히 가난하고자 합니다. 애통해도 교회에서만 애통해 합니다. 온유해도 적당한 선에서 그리하려 합니다. 이렇게 신자들은 적당한 선에서, 혹은 최소한의 선에서 신앙의 원리들을 적용해야 한다는 압박을 느낍니다. 어떠세요? 실상 그렇지 않습니까?

그러나 주님의 답은 다릅니다. 심령이 가난한 자가 천국을 얻습니다. 애통하는 자가 위로를 경험합니다. 온유한 자가 땅을 차지합니다. 의에 주리고 목마른 자는 배부를 것입니다. 화평하게 하는 자는 하나님의 아들이라고 인정을 받게 될 것입니다. 이것이 주님께서 믿음의 사람들에게 주시는 삶의 답입니다.

우리가 이기는 방식이 여기에 있습니다. 그러니 믿음으로 살다가 무시하면 무시를 당합시다. 믿음으로 사는 우리를 짓누르면 짓눌림을 당하자고요. 이 세상이 우리를 바보로, 혹은 이상한 자로 여기면 기꺼이 그런 자로 여김을 받읍시다. 성도는 환난과 곤고와 박해와 기근과 적신과 위험과 칼의 상황에서 넉넉히 이기는 자들이라는 사실을 기억하면서 말입니다. 성도는 이런 방식으로 살고 이런 방식으로 승리합니다.

우리는 이 세상에서 하나님께 소망을 두지 않는 모든 사람들과 동일한 방식으로 경쟁하여 하나님의 도움을 받아 이기는 사람들이 아닙니다. 신자는 그런 방식으로 성공을 이루려 하지 않습니다. 이 세상의 모든 사람이 하고 있는 동일한 게임을 하도록 부름을 받지 않았기 때문입니다.

지나칠 정도로 반복해서 말씀드립니다. 신자는 이 땅에서 다른 게임의 법칙 아래서 다른 게임을 하는 사람입니다. 우리는 하나님을 알지 못하는 사람들이 부러워할 만큼 '성공한 삶'을 통해 넉넉히 이기는 자가 되려는 사람들이 아닙니다.

여기서 꼭 다루어야만 할 것이 하나 있습니다. 복음의 본질과 관련하여 작지만 중요한 문제입니다. 복음은 우리가 가지는 사회적이고 외적인 조건들로 우리의 정체성과 가치를 규정하지 않는다는 것입니다. 이것을 곱씹어야 할 이유가 있습니다.

우리는 그런 조건들에 의해 사람을 평가하고 바라보는 세상을 엄연히 살고 있기 때문입니다. 부정할 수 없는 현실입니다. 자신이 다니는 대학의 이름으로, 자신이 일하는 직장이나 그곳에서 받는 연봉의 크기로, 자신이 가진 학위나 전문 영역에서의 성취와 같은 것들로 이루어지는 평가에 의해 우리는 판단을 받습니다.

만일 이것이 우리 스스로가 자신에 대해서 내리는 판단이라면, 문제는 심각합니다. 우리가 어떤 성공과 성취를 사회적으로 이루었든, 그것은 자신을 치장하는 옷에 불과합니다. 그 옷은 우리 자신이 아닙니다.

왜 이 문제가 심각합니까? 이런 태도는 결국 복음을 부인하는 것이기 때문입니다. 복음은 우리가 자신을 보는 정체성과 가치의 새로운 기준을 제공합니다. 다시 31~34절, 특별히 32절로 돌아가 봅시다.

> "자기 아들을 아끼지 아니하시고 우리 모든 사람을 위하여 내주신 이가 어찌 그 아들과 함께 모든 것을 우리에게 주시지 아니하겠느냐"롬8:32

신자는 어떤 사람입니까? 존귀하고 가치 있는 존재입니다. 하나님께서 그 아들을 아끼지 않고 내주실 만큼 말이지요. 신자는 하나님께서 위하시는 사람입니다. 하나님께서 그 아들의 피로써 의롭다고 증명하신 사람입니다. 그리고 지금도 하나님 우편에서 그리스도께서 위하여 간구하시는 대상입니다.

하나님께서 보실 때, 이보다 더 가치 있는 존재는 없습니다. 이것이 복음이 좋은 소식인 이유입니다. 세상에서 아무리 성공해도 이런 인정을 받을 수 없습니다. 그런데 하나님께서는 유력하거나 대단하지도 않은, 지극히 평범한 사람에 불과한 우리를 그렇게 인정하시고, 또 존귀한 존재라고 선언해 주십니다. 이것이 복음입니다. 그 결과는 어떤 방식으로 나타날까요?

이 시대는 자신에 대한 사람들의 평판에 지나칠 정도로 예민합니다. 악성 댓글에 휘둘려 스스로 죽음을 선택하기도 합니다. 누군가 뒤에서 욕을 했다고 하면 화가 치밀어 올라 잠이 오지 않습니다. 누가 뒤에서 나를 칭찬했다고 하면 기뻐서 잠을 자지 못하는 일도 일어납니다. 칭찬은 고래도 춤추게 한다고 말하지 않습니까? 우리는 남의 말에 죽고 삽니다. 그래서 우리는 자기 자신이 되지 못한 채, '다른 사람들이 나를 어떻게 볼까?' 하는 생각에 매여서 살아갑니다. 그들이 원하는 내가 되어야 하기 때문에 삶이 피곤하기 그지없습니다. 여기에는 자연스러움도, 자유함도 없습니다.

기억하십시오. 신자는 이렇게 살 이유가 없는 사람입니다. 복음은 우리를 남들의 평판으로부터 자유하게 합니다. 우리가 언제나 우리 자신이 될 자유를 제공합니다. 그러니 우리는 더 이상 세간의 평판에 휘둘리거나 좌우되어서는 안 됩니다.

고린도 교회는 바울 사도가 18개월 동안 수고해서 세운 교회였습니다. 하지만 바울 사도가 떠난 뒤에 거짓 교사들이 들어왔습니다. 그들의 거짓 가르침에 영향을 받은 사람들이 생겨났습니다. 결국 자신들의 영적 아버지인 바울 사도의 사도성을 의심하는 자리까지 이르게 되었습니다. 보통 사람 같았으면 큰 상처를 입을 수 있는 대목입니다. 하지만 바울 사도는 이렇게 그들에게 씁니다.

"3너희에게나 다른 사람에게나 판단 받는 것이 내게는 매우 작은 일이라 나도 나를 판단하지 아니하노니 4내가 자책할 아무 것도 깨닫지 못하나 이로 말미암아 의롭다 함을 얻지 못하노라 다만 나를 심판하실 이는 주시니라"고전4:3~4

이해되십니까? 다른 사람들의 판단을 받는 것이 자신의 마음에 하등의 영향을 미칠 수 없다는 것입니다. 바울 사도는 고린도 사람들이 문제를 삼고 있는 그 문제에서 비록 잘못이 없고 옳지만, 자신에 대한 자기 판단조차도 그리 중요하지 않다고 말합니다. 바울 사도에게 중요한 것은 오직 하나님의 판단뿐이었습니다. 이것이 복음이 우리 안에서 하는 일입니다.

이런 그리스도인은 진정으로 강합니다. 누가 이런 사람에게 상처를 입힐 수 있겠습니까? 이런 사람은 고슴도치를 껴안고 피를 흘릴지라도 고슴도치를 사랑할 수 있는 강한 사람입니다.

우리 자신은 어떻습니까? 복음이 가지는 이 능력을 경험하고 살아갑니까? 그러하기를 바랍니다. 이것이 바울 사도가 에베소 성도들이 알게 되기를 기도했던, "믿는 우리에게 베푸신 하나님의 능력의 지극히 크심"엡1:19입니다.

다시 말씀드리지만, 그리스도인은 자신의 외적 조건들로 자기 정체성을 확인하지 않습니다. 대단한 사회적 조건으로 인해 우쭐하지도 않으며, 사회적 실패자로 낙인찍혔다고 해서 그것 때문에 주눅 들지도 않습니다.

하나님께서는 우리에게 좋은 대학과 높은 성적, 꿈의 직장과 고액 연봉, 멋진 결혼과 넓은 집을 주시겠다고 약속하지 않으셨습니다. 이런 것들로 하나님의 사랑과 자신의 정체성을 확인하려고 한다면, 우리는 필연 넘어질 수밖에 없습니다.

그러면 좋은 대학과 높은 성적, 꿈의 직장과 고액의 연봉, 멋진 결혼과 넓은 집, 멋진 얼굴과 몸매, 보석 같은 자녀들은 다 어떤 의미를 가지는 것일까요? 이 모든 것은 우리가 세상에서 누릴 수 있는 하나님의 선물들입니다. 그러나 이것들 가운데 우리가 지킬 수 있는 것은 단 하나도 없다는 사실을 인정하십시오. 다 주어진 것들이고, 잠시 우리에게 머물다가 지나가는 것들입니다. 이 모든 것은 있다가도 없어지고, 없다가도 있는 것들입니다. 다 흔들리는 것들입니다.

그러나 하나님께서는 영원에서 영원에 이르도록 잃어버릴 수 없는 것을 우리에게 보장하셨습니다. 하나님께서 우리에게 약속하신 것은, 바로 "흔들리지 않는 나라"히12:28입니다. 그러니 흔들리는 것들에 연연할 이유가 없습니다. 그것이 우리 삶을 좌우할 수 없습니다.

바울 사도는 에베소 성도들이 바로 이것을 보기를 원했습니다. 그래서 주님께서 그들의 마음의 눈을 밝혀 달라고 기도했던 것입니다. 이것을 알고 사는 사람이야말로 지혜로운 사람입니다.

29세에 에콰도르에서 순교한 짐 엘리엇이 대학시절의 일기에 남긴 유명한 문장입니다.

잃어버릴 수 없는 것을 얻기 위해서 지킬 수 없는 것을 버리는 자는 결코 어리석은 자가 아니다.He is no fool who gives what he cannot keep to gain that which he cannot lose.

짐 엘리엇은 무엇이 잃어버려서는 안 되는 가치인지, 그리고 무엇이 좋을지라도 지킬 수 없는 가치인지 분명하게 알았습니다. 우리의 소중한 생명조차 우리 능력으로 지킬 수 있는 것이 아닙니다. 그러나 짐 엘리엇에게 있어서 복음은 결코 잃어버릴 수 없는 가치였던 것입니다. 여기에 우리의 이김이 있습니다. 잃어버릴 수 없는 것을 얻기 위해 지킬 수 없는 것을 기꺼이 내어 주는 삶입니다.

"내가 확신하노니"

바울 사도는 계속해서 말씀합니다. 로마서 8장 38~39절을 보십시오.

> "38내가 확신하노니 사망이나 생명이나 천사들이나 권세자들이나 현재 일이나 장래 일이나 능력이나 39높음이나 깊음이나 다른 어떤 피조물이라도 우리를 우리 주 그리스도 예수 안에 있는 하나님의 사랑에서 끊을 수 없으리라"롬8:38~39

이 말씀은 날마다 복음 안에서 이기는 자의 승리 선언입니다. 비록 우리가 종일 죽임을 당하는 양 같은 처지에서 살아갈지라도, "내가 확신하노니"라고 고백할 수 있는 것은 무엇입니까?

제임스 보이스James Montgomery Boice는 이렇게 설명합니다.

> 바울의 확신은 개인의 강력한 느낌이나 인생의 호된 처지가 나아
> 진다거나 우리를 끊는 요인 가운데 무엇 하나라도 해결된다거나
> 사라질 것이라는 신념에 근거를 두고 있지 않다. 오히려 그의 확
> 신은 우리를 위한 그리스도 안에 있는 하나님의 사랑이 위대하다
> 는 사실에 근거를 두고 있다.[12]

바울 사도는 인간이 살아가면서 가장 직접적으로 체험하게 되는
'사망과 생명'을 언급합니다. 죽음은 살아있는 사람들을 위협하는 최
대의 적입니다. 그러나 성경은 '죽을 것이 생명에 삼킨 바 된다'고후5:4
라고 말씀합니다. 때로는 죽음보다 비참한 삶도 있지만, 그것조차도
그리스도 안에 있는 하나님의 사랑에서 우리를 끊어내지 못합니다.

또, 바울 사도는 '천사들과 권세자들'을 언급합니다. 이는 선한 천사
들과 타락한 악한 천사들을 언급한 것으로 보입니다. 에베소서 6장에
서 언급한 "통치자들과 권세들과 이 어둠의 세상 주관자들과 하늘에
있는 악의 영들"엡6:12이 여기서 말하는 '권세자들'입니다. 우리는 이런
영적 싸움에 내던져집니다. 그러나 어떤 존재도 우리를 그리스도 안에
있는 하나님의 사랑에서 끊을 수 없습니다.

'현재 일과 장래 일'은 시간적 측면에서 말하는 것입니다. 지금 일어

---

12. 제임스 몽고메리 보이스, 같은 책, 702.

나는 모든 형편과 상황이든지, 또 장래에 무슨 일을 만나든지, 그 모두는 우리를 그리스도 안에 있는 하나님의 사랑에서 끊을 수 없습니다.

이어서, 공간적 측면에서 '높음과 깊음'을 말합니다. 우리가 사는 곳이 궁궐이든 초막이든, 혹은 바울 사도 자신이 지금 갇혀 있는 좁디좁은 감옥이든, 그 어느 공간적 조건도 하나님의 사랑에서 우리를 끊을 수 없습니다.

가만히 둘러보면, 우리가 가지는 믿음의 확신을 훼방하는 영적 존재들과 피조물들과 상황들로 겹겹이 둘러싸여서 살아가는 게 우리의 형편입니다. 하지만 바울 사도는 더 이상 세부적 항목들을 열거하지 않습니다. 대신 이렇게 선언합니다.

"우리를 우리 주 그리스도 예수 안에 있는 하나님의 사랑에서 끊을 수 없으리라"롬8:39b

복음의 객관적 사실에 뿌리를 내리고

묻습니다.

당신에게 이런 확신이 있습니까? 흔들리는 세상을 살아가면서도 흔들리지 않는 확신이 있습니까? 있다면, 그 확신의 근거는 무엇입니까? 이만하면 잘 풀린 인생이라고 스스로 여기는 까닭에 하나님의 사랑을 확신합니까? 아니면, 말씀과 기도 생활을 잘하고 있기 때문에 확신하는 것입니까? 만일 1세기의 성도들처럼 자신들의 일상이 잘 풀리고 있지 않을 뿐더러, 잘 풀릴 가능성도 없다면 어떻게 되겠습니까?

그리스도인의 확신은 그런 게 아닙니다. 그리스도인의 확신은 철저하게 복음의 객관적 사실에 뿌리를 내리고 자라갑니다. 이것을 꼭 기억하십시오.

> "자기 아들을 아끼지 아니하시고 우리 모든 사람을 위하여 내주신 이가 어찌 그 아들과 함께 모든 것을 우리에게 주시지 아니하겠느냐"롬8:32

자신의 인생에 환난과 곤고, 박해와 기근, 가난과 실패가 있습니까? 비록 그럴지라도, 그것들은 하나님께서 나를 버리신 증거가 아닙니다! 우리를 향한 하나님의 선하심이 변한 것입니까? 결코 그렇지 않습니다. 자기 아들을 아끼지 않고 내주신 전능하신 하나님께서 우리에게 무엇을 아끼시겠습니까? 로마서 8장 32절을 잊지 말고, 이 말씀을 자신에게 선포하십시오.

우리는 무한히 지혜로우신 하나님의 깊으신 뜻을 다 헤아릴 수 없습니다. 우리는 설명할 수 없는 고난의 자리에 있을 때, '내가 다 이해할 수 없는 방식으로 전능하신 하나님께서는 지금 나에게 선을 행하고 계시는구나' 하고 생각하는 것이 옳습니다. 이것이 바울 사도가 본문을 통해 강조하며 말하고자 하는 바입니다. 지금 겪는 여러 환난의 요소들은 우리의 확신을 무너뜨릴 수 없습니다.

하나님께서는 복음을 통해 우리에게 이렇게 말씀하십니다.

실패해도 괜찮아! 그게 너를 향한 나의 사랑을 좌우하는 게 아니란다. 너는 성공해서 더 사랑받고 실패해서 덜 사랑 받는 게 결코 아니란다. 나는 너를 위해서 내 아들을 아끼지 않았다는 사실을 기억하렴. 그럼 내가 너를 위해 아낄 것이 아무것도 없다는 사실을, 그리고 세상의 그 어떤 상황, 그 어떤 것도 예수 안에 나타난 나의 사랑에서 너를 끊어낼 수 없다는 사실을 알게 될 거야. 그리고 꼭 기억하거라. 내가 너를 위해 예비한 흔들리지 않는 나라가 있다는 사실을 말이야.

믿음의 사람들은 하나님의 이 음성을 듣습니다. 암울한 시대를 바라보며 하나님을 향한 불만을 토로했던 하박국 선지자도 그랬습니다. 심쿵하게 만드는 하나님의 저 말씀을 깨닫게 되자, 그는 이런 멋진 고백을 할 수밖에 없었습니다.

"17비록 무화과나무가 무성하지 못하며 포도나무에 열매가 없으며 감람나무에 소출이 없으며 밭에 먹을 것이 없으며 우리에 양이 없으며 외양간에 소가 없을지라도 18나는 여호와로 말미암아 즐거워하며 나의 구원의 하나님으로 말미암아 기뻐하리로다"합 3:17~18

생존의 모든 조건이 끊어졌음에도 불구하고 기뻐할 수 있는 것은 오직 복음으로만 설명될 수 있는 게 아닙니까? 바울 사도의 고백도 다르지 않습니다.

"11내가 궁핍하므로 말하는 것이 아니니라 어떠한 형편에든지 나는 자족하기를 배웠노니 12나는 비천에 처할 줄도 알고 풍부에 처할 줄도 알아 모든 일 곧 배부름과 배고픔과 풍부와 궁핍에도 처할 줄 아는 일체의 비결을 배웠노라 13내게 능력 주시는 자 안에서 내가 모든 것을 할 수 있느니라"빌4:11~13

복음은 어떤 상황에도 얽매이지 않고 살아갈 자유를 줍니다. 부유하든 가난하든, 풍요롭든 부족하든 그 상황에 매이지 않게 합니다. 복음은 이렇게 강하고 자유롭습니다.

복음을 아는 자들이 가지는 확신에 견줄 만한 것도 없습니다. 그래서 복음은 우리로 하여금 경쟁으로 점철된 이 세상에서 다른 게임을 하며 살게 만드는 힘이 있습니다. 그것은 하나님을 영화롭게 하고, 그분을 영원토록 온전히 즐거워하는 고귀한 목적을 고스란히 품고서 사는 영광스런 삶입니다. 이것이 그리스도인의 부르심입니다.

우리는 흔들리는 세상을 살아갑니다. 그러나 우리는 흔들릴 이유가 없습니다. 곁눈질을 할 필요도 없습니다. 복음의 은혜를 누리도록 부르심을 받은 까닭입니다. 은혜롭고 영광스런 부르심은 우리로 하여금 하나님의 자녀의 아름다운 자태를 드러내며 기쁨으로 살도록 이끕니다. 이 놀라운 사실이 얼마나 감격스럽고 흥분되는 일입니까!

영광스러운 부르심을 확신하는 믿음으로 지금 여기를 당당하게 살아가는 복된 성도, 그래서 아름다운 인생이기를 소망하며 축복합니다.

묵상과 나눔을 위한 물음

1. 하나님과 하나님의 모든 말씀약속에 대한 확신이 있을 때, 이 변화무쌍한 세상을 살아가는 당신은 얼마나 다르게 살아갈 수 있을지 생각해 보십시오. 바울 사도가 피력하는 그런 확신을 가질 수 있다면, 우리 삶은 얼마나 다를 수 있겠습니까? 이 가정법 아래, 많은 꿈들을 나눠 보십시오.

2. 신자의 확신은 조석朝夕으로 변하는 우리의 주관적 감정 위에 세워질 수 없고, 객관적 복음 위에 세워질 수 있다고 저자는 말합니다. 당신의 신앙을 이 지점에서 돌아본다면, 당신의 신앙의 건강에 관하여 무엇을 말하겠습니까?

3. 헬렌 로즈비어, 엘리자베스 엘리엇, 그리고 호레이쇼 스패포드와 같은 인물들을 다시 한 번 생각해 보십시오. 그들이 누렸던 평안을 어떻게 설명할 수 있겠습니까?

4. 우리가 세상에서 사람들의 평가에 좌우되지 않으며, 오직 하나님께서 나를 존귀하게 보시는 복음으로만 자신을 바라볼 때, 우리는 얼마나 건강하고 덜 피곤하며 자연스럽고 자유할 수 있겠습니까? 복음 안에서 자신을 보고 정체성을 발견하며, 그 안에서 사람들을 대하기 위해서 당신에게 필요한 것은 무엇입니까?

5. 우리는 모두 실패에 대한 막연한 두려움을 가지고 살아갑니다. 그러나 저자는 하나님께서 자녀들에게 "실패해도 괜찮아!"라고 말씀하신다고 쓰고 있습니다. 다음의 말을 다시 읽고, 생각하고, 기뻐하며, 감사하십시오.

실패해도 괜찮아! 그게 너를 향한 나의 사랑을 좌우하는 게 아니란다. 너는 성공해서 더 사랑받고 실패해서 덜 사랑 받는 게 결코 아니란다. 나는 너를 위해서 내 아들을 아끼지 않았다는 사실을 기억하렴. 그럼 내가 너를 위해 아낄 것이 아무것도 없다는 사실을, 그리고 세상의 그 어떤 상황, 그 어떤 것도 예수 안에 나타난 나의 사랑에서 너를 끊어낼 수 없다는 사실을 알게 될 거야. 그리고 꼭 기억하거라. 내가 너를 위해 예비한 흔들리지 않는 나라가 있다는 사실을 말이야.

현실밖에 보지 못하는 땅에서

천상의 시각으로 사는 이들에게

다른 게임을 하는 삶을 위한 기도

하나님 아버지,
그리스도 안에서 저희를 구속하신 하나님의 목적과 계획과 뜻을
다시 한 번 되새기게 하시니 감사합니다.

아담과 하와의 타락 이후,
온 세상이 매달려 싸워온 승자독식과 경쟁의 게임으로부터
저희를 건져 주사
다른 게임을 하며 살아가도록 불러 주신 은혜를 감사합니다.

하나님 아버지,
저희를 모든 개인적 야심과 성공과 성취에 대한 야망,
누군가와 경쟁하여 상대를 짓누르고 살아남아야 하는
경쟁의 법칙으로부터
건지시고 구속하여 주시니 감사합니다.

이제는 저희가 주께서 주신 자유함과 안식을 누리는 가운데
보이지 않는 것을 보는 믿음으로 살아가게 하옵소서.
우리 믿음의 선배들이 믿음으로 걸어간 길을 따라,
하나님께서 주실 상을 바라보며,
이 땅에서 외국인과 나그네로 살아가기를 선택하고,
모든 고난 속에서도 하나님을 의지하는 믿음으로
세상이 감당하지 못하는 삶을 살게 하옵소서.

오, 하나님!
저희가 이런 믿음의 삶을 살아갈 수 있도록,
저희 마음의 눈을 밝히사
하나님의 부르심의 소망을 발견하고,
하나님께서 저희를 위해 예비하신 기업의 영광이 얼마나 풍성한
지를 보게 하시고,
저희와 함께, 저희 안에서 역사하시는 하나님의 지극히 크신 능
력을 알게 하옵소서.

그렇게

천상의 시각을 가진 존재로,

저희를 부르신 다른 게임을 하며,

다른 게임의 법칙을 따라 살아감으로,

세상을 놀라게 하고,

세상이 감당할 수 없는 인생들로

하나님을 영화롭게 하는 저희가 되게 하옵소서.

게임체인저로 이 땅에 오셔서

타락한 인류가 쌓아온 게임의 판도를 뒤집어놓으신 주님과 같이,

주님께서 바꾸어놓으신 그 새 판에서,

다른 게임을 하는 게임체인저들로 살아가는 저희가 되게 하옵
소서.

주 예수 그리스도의 이름으로 기도하옵나이다. 아멘.

구스타브 도레의 <시내산에서 내려오는 모세>